# GLOSARIO PANHISPÁNICO DE TÉRMINOS JURÍDICOS

REAL ACADEMIA ESPAÑOLA

ASOCIACIÓN DE ACADEMIAS
DE LA LENGUA ESPAÑOLA

# GLOSARIO PANHISPÁNICO DE TÉRMINOS JURÍDICOS

Espasa es un sello de Editorial Planeta, S. A.
Avda. Diagonal, 662-664
08034 Barcelona
www.planetadelibros.com
www.espasa.es

Diseño de cubierta: Planeta Arte & Diseño
Imagen de cubierta: © Annisanurandini / Shutterstock
Maquetación: Safekat, S. L.

Primera edición: abril, 2026

ISBN: 978-84-670-8110-7
Depósito legal: B. 24.769-2026



Impreso en España / *Printed in Spain*
Impresión: Liberdúplex

PEFC Certificado
Este libro procede de bosques gestionados de forma sostenible
PEFC
PEFC/14-38-00305
www.pefc.es

# *Índice*

# *Prólogo*

Es una tendencia constante en la historia de la edición de grandes obras, tanto por su contenido como por su volumen —como es el caso de los diccionarios— que, poco después de ser publicados, sus autores piensen en poner a disposición de los usuarios versiones más portables, manejables o reducidas, que contengan lo esencial y faciliten su consulta y utilización.

Esa necesidad se ha hecho presente en el caso de la edición mayor del *Diccionario panhispánico del español jurídico.* Las razones tradicionales de comodidad de manejo y de desplazamiento de la obra concurren en este diccionario con particular intensidad. Muchos de sus usuarios son profesionales que, con frecuencia, se ven en la necesidad de consultarlo cuando desarrollan tareas fuera de su lugar habitual de trabajo. La existencia de una rápida y segura versión electrónica no desplaza el hábito ni la preferencia por las versiones impresas.

Se añade en este caso una razón adicional para presentar esta versión menor del *Diccionario jurídico* de la Real Academia Española (RAE) y la Asociación de Academias de la Lengua Española (ASALE): el deseo de las Academias de contribuir, mediante obras de fácil manejo, al desarrollo de nuestras acciones panhispánicas en favor de un lenguaje claro y accesible. La RAE y sus academias hermanas, junto con las Cortes Supremas de toda la geografía hispanohablante, han impulsado una Red Panhispánica de Lenguaje Claro y Accesible que se ha expandido con fuerza desde su fundación en 2022. Hemos celebrado ya dos convenciones de la Red y preparamos para este mismo año 2026 la tercera, también con una amplia concurrencia de participantes. Los proyectos concebidos para hacer realidad esta iniciativa se han multiplicado y se están compartiendo con todos los interesados.

Forman parte de esos proyectos las obras breves y de sencillo manejo, con contenidos básicos, que pueden contribuir a fomentar las políticas de lenguaje claro, así como su aprendizaje y su puesta en práctica. Con este objetivo, la RAE y la ASALE publicaron en 2024, con motivo de la Convención de la Red Panhispánica celebrada en Madrid, una *Guía panhispánica de lenguaje claro y accesible* que ha servido de referencia para otras muchas obras que, con el mismo propósito, han preparado y editado diversas instituciones integradas en la Red.

Durante los dos primeros años de vida de la Red Panhispánica, las reuniones y los trabajos de las universidades, las academias, los tribunales de Justicia y todas las entidades públicas y privadas interesadas en la claridad de la comunicación se han centrado muy especialmente en las cuestiones lingüísticas que plantea esta propuesta. Se han preguntado por qué el lenguaje del poder público —y también el de las grandes corporaciones que dominan determinados mercados o sectores económicos— resulta con frecuencia oscuro; en qué defectos incurre y cuáles son las recomendaciones más adecuadas para mejorar su inteligibilidad y la transparencia de la información que transmite.

A partir del tercer año de estas acciones en favor de una comunicación eficaz, llana, clara y accesible, el problema se ha situado, sin abandonar la perspectiva lingüística, en el ámbito de los derechos fundamentales. El nuevo planteamiento es muy simple: la claridad de las comunicaciones que el poder dirige a los ciudadanos constituye un derecho fundamental, esencial para que puedan hacerse efectivos todos los demás derechos que la Constitución de cada Estado reconoce a los ciudadanos, empezando por el derecho a obtener la tutela de los tribunales. Privar a los ciudadanos de su derecho a comprender equivale a negarles la posibilidad de formarse una opinión libre y de participar plenamente en la vida democrática.

Este avance, consagrado en la Convención de Lima de 2025, ha supuesto un cambio significativo de orientación en el trabajo al servicio del lenguaje claro y accesible. Se ha impuesto la convicción, reflejada en las *Conclusiones* del encuentro limeño, de la urgencia de pasar de los planteamientos teóricos a la práctica, a fin de ofrecer soluciones concretas a los problemas específicos que se suscitan tanto a los poderes públicos como a los ciudadanos.

Por tanto, la Red debe poner al alcance de las instituciones y de los ciudadanos obras que contribuyan a estos objetivos con un enfoque eminentemente práctico. La primera de ellas es este *Glosario panhispánico de términos jurídicos*, derivado del *Diccionario panhispánico del español jurídico*, que la RAE y la ASALE mantienen en edición en línea continuamente renovada.

Partiendo de esa obra mayor, un equipo multidisciplinar de especialistas en derecho, comunicación jurídica y lexicografía emprendió la tarea de revisar y adaptar los contenidos para elaborar una versión accesible en lenguaje claro. El proceso ha incluido la selección cuidadosa de los lemas, la simplificación de las definiciones, la explicación de latinismos y la eliminación de información excesivamente técnica o enciclopédica, con el fin de ofrecer definiciones breves, claras y comprensibles.

En esta primera edición se han seleccionado aproximadamente mil quinientos lemas, una cifra acorde con los diccionarios básicos y glosarios didácticos. Las definiciones incluyen, cuando ha sido pertinente, referencias a los significados generales recogidos en el *Diccionario de la lengua española*. Asimismo, se han incorporado marcas geográficas en aquellas entradas que remiten específicamente a normativas o realidades propias de determinados países, con el fin de mantener y reflejar la perspectiva panhispánica de la obra. En esta línea, también se han introducido marcas de los distintos ámbitos jurídicos a los que pertenecen las entradas.

A este primer glosario seguirán otros, también referidos al lenguaje de especialidad, que responden a la misma preocupación práctica: ofrecer tanto a los poderes públicos como a los distintos colectivos de la sociedad civil instrumentos que cuenten con el respaldo de la autoridad lingüística y del conocimiento especializado necesarios para favorecer la claridad, el discernimiento y la inteligibilidad en las comunicaciones.

La Red integra instituciones muy diversas que, sin embargo, comparten su dedicación a actividades de interés general y a la prestación de servicios de esta naturaleza. En cumplimiento de los fines de la Red, muchos de los próximos glosarios serán fruto de la colaboración entre la RAE —responsable, junto con las Academias de la ASALE, de fijar la norma lingüística y de cuidar el buen uso del idioma— y distintas instituciones que aportan el conocimiento especializado al que antes se aludía. De esta forma, a través de la cooperación y la suma de esfuerzos, la Red va articulando un trabajo cada vez más sólido y útil para toda la sociedad.

Santiago Muñoz Machado
Director de la Real Academia Española
Presidente de la Asociación de Academias de la Lengua Española

Madrid, 16 de marzo de 2026

# *Abreviaturas*

| | |
|---|---|
| *Adm.* | derecho administrativo |
| *Aer.* | derecho aeronáutico |
| *Am.* | América |
| *Amb.* | derecho ambiental |
| *Arg.* | Argentina |
| *Bol.* | Bolivia |
| *C. Rica* | Costa Rica |
| *Can.* | derecho canónico |
| *Civ.* | derecho civil |
| *Col.* | Colombia |
| *Comp.* | derecho de la competencia |
| *Conc.* | derecho concursal |
| *Const.* | derecho constitucional |
| *Contr. ext.* | control externo de la Administración |
| *Ec.* | Ecuador |
| *EE. UU.* | Estados Unidos |
| *El Salv.* | El Salvador |
| *Esp.* | España |
| *Eur.* | derecho europeo |
| *Fin.* | derecho financiero |
| *Gral.* | general (común a varios ámbitos del derecho) |
| *Guat.* | Guatemala |
| *Guin.* | Guinea Ecuatorial |
| *Hist.* | historia del derecho |
| *Hond.* | Honduras |
| *Int. priv.* | derecho internacional privado |
| *Int. púb.* | derecho internacional público |
| *Lab.* | derecho laboral |
| *Merc.* | derecho mercantil |
| *Méx.* | México |
| *Mil.* | derecho militar |
| *Nic.* | Nicaragua |
| *P. Rico* | Puerto Rico |
| *Pan.* | Panamá |
| *Par.* | Paraguay |
| *Parl.* | derecho parlamentario |

| | |
|---|---|
| *Pen.* | derecho penal |
| *Proc.* | derecho procesal |
| *R. Dom.* | República Dominicana |
| *T. der.* | teoría del derecho |
| *Tel.* | derecho de las telecomunicaciones |
| *Ur.* | Uruguay |
| *Ven.* | Venezuela |

# *a*

**abdicar** **1.** *Gral.* Dicho de un rey: Renunciar a la Corona o a otros altos cargos o dignidades. || **2.** *Gral.* Renunciar a algo propio, especialmente a una idea o creencia.

***aberratio ictus*** **1.** *Pen.* Desviación del golpe. || **2.** *Pen.* Desviación de la trayectoria del curso causal de la acción que afecta a un sujeto pasivo u objeto distinto del previsto y querido por el autor.

***ab initio*** *Gral.* Desde el principio.

**abintestato** o ***ab intestato*** **1.** *Civ.* y *Proc.* Procedimiento judicial sobre herencia y adjudicación de bienes de quien muere sin testar. || **2.** *Civ.* Sin testamento.

**abogado, da** *Gral.* Profesional del derecho cuya actividad, sometida a requisitos académicos y legales, puede consistir en prestar asesoramiento jurídico, dar forma a la voluntad de su cliente de modo que pueda producir efectos jurídicos —redactando, por ejemplo, contratos y acuerdos— o defender sus intereses representándolo en negociaciones con terceros, en procedimientos administrativos y en juicios ante los tribunales.

**abolir** *Gral.* Dejar sin efecto una norma o costumbre.

**aborto** **1.** *Civ.* y *Pen.* Interrupción de un embarazo. || **2.** *Pen.* Delito que comete quien aborta o practica un aborto fuera de los casos que la ley permite. || **3.** *Can.* Muerte provocada del feto de cualquier manera que se produzca desde el momento de su concepción.

**abrogar** *Gral.* Dejar sin efecto jurídico la totalidad de una disposición legal.

**absentismo** **1.** *Lab.* Ausencia reiterada del trabajador de su puesto de trabajo, que puede ser causa legal para la extinción del contrato de trabajo. || **2.** *Adm.* Ausencia reiterada del empleado público de su puesto de trabajo, que puede determinar la imposición de sanciones.

**absolución** **1.** *Gral.* Acción de absolver. || **2.** *Proc.* Resolución que libera a un acusado de todos los cargos.

**absolutismo** **1.** *Const.* Régimen político en el que una autoridad domina todas las manifestaciones del poder del Estado, que puede ejercer sin límites. || **2.** *Const.* e *Hist.* Forma política desarrollada durante el Antiguo Régimen en Europa, siendo especialmente relevante en Francia, pero extendida a los diferentes reinos europeos.

**abuso sexual 1.** *Pen.*; *Esp.* Delito que consiste en atentar contra la libertad sexual de una persona, sin violencia o intimidación y sin consentimiento. || **2.** *Pen.*; *Bol.*, *Chile*, *Ec.* y *Guat.* Delito contra la libertad sexual, circunscrito a acciones de connotación sexual distintas del acceso carnal, bucal o anal, pudiendo concurrir violencia o intimidación. || **3.** *Pen.*; *Ur.* Delito que comete quien, por medio de la intimidación, presión psicológica, abuso de poder, amenaza, fuerza o cualquier otra circunstancia coercitiva, realiza un acto de naturaleza sexual sobre una persona o la obliga a realizar un acto de naturaleza sexual sobre un tercero. || **4.** *Pen.*; *Arg.* Delito contra la integridad sexual que comete quien abusa o agrede sexualmente a una persona menor de trece años, o cuando media violencia, amenaza, abuso coactivo o intimidatorio en una relación de dependencia, de autoridad o de poder, o aprovechándose de que la víctima, por cualquier causa, no haya podido consentir libremente la acción.

**accesibilidad** *Adm.* Condición que deben cumplir los entornos, productos y servicios para que sean comprensibles, utilizables y practicables por todos los ciudadanos, incluidas las personas con discapacidad.

**accesión 1.** *Civ.* Modo de adquirir el dominio por el que el propietario de una cosa hace suyo no solamente lo que ella produce, sino también lo que se le une o incorpora por obra humana o de la naturaleza, o por ambos medios a la vez, siguiendo lo accesorio a lo principal. || **2.** *Int. púb.* Título para adquirir la competencia territorial mediante el que se acrecienta el territorio del Estado haciendo suyo lo que se le une, se incorpora o se encuentra en su inmediata proximidad, ya sea por causas naturales, ya sea por intervención humana, como sucede con las tierras de aluvión en un río fronterizo, la construcción de diques y puertos o la formación espontánea de islotes o islas en las aguas interiores o el mar territorial.

**acceso electrónico a la Administración** *Adm.* Derecho de los ciudadanos a utilizar medios electrónicos en sus relaciones con la Administración.

**accidente laboral** *Lab.* Lesión corporal o enfermedad que sufre el trabajador con ocasión o a consecuencia del trabajo que ejecuta por cuenta ajena.

**acción 1.** *Pen.* Primer elemento del concepto de delito. ● *Es sinónimo de* conducta *o* comportamiento. || **2.** *Merc.* Título que representa la unidad mínima de división del capital social de una sociedad de capital. || **3.** *Proc.* Derecho subjetivo público que todo sujeto de derecho tiene para impetrar de los órganos competentes la actuación de la potestad jurisdiccional. || **4.** *Proc.* Reclamación que se deduce ante determinado orden jurisdiccional. ● *Es sinónimo de* pretensión.

**acción declarativa** *Lab.* y *Proc.* Acción que pretende la declaración o reconocimiento de un derecho o situación, como la acción declarativa de dominio, en la que el propietario pretende que le sea reconocida la titularidad de un bien frente a quien se la discute o pretende atribuírsela.

**acción de despojo** *Civ.* Acción que pretende, mediante procedimientos sumarios, la recuperación inmediata de la posesión indebidamente usurpada o perturbada.

**acción de división** *Civ.* Acción que se otorga a los copropietarios de una comunidad de bienes para instar frente a los demás condóminos la división de la cosa común.

**acción de regreso 1.** *Merc.* Ejercicio del derecho del tenedor de una letra para reclamar su importe al librador o, en su caso, a los endosantes anteriores al actual tenedor, así como a los avalistas de todos ellos. || **2.** *Adm.* En materia de responsabilidad administrativa, obligación de la Administración pública que haya sido condenada a indemnizar las lesiones causadas a cualquier persona como consecuencia de hechos o actos administrativos para seguir acciones resarcitorias o de regreso contra el funcionario o agente causante del daño.

**acción de rescisión** *Civ.* Acción dirigida a la rescisión de contratos cuando hayan sido válidamente perfeccionados, pero conlleven consecuencias injustas.

**acción ejecutiva 1.** *Adm.* Tipo de actuación a través de la cual los militares profesionales ejercen funciones consistentes en la puesta en práctica de los planes establecidos, actuando en cumplimiento de órdenes concretas o siguiendo procedimientos preestablecidos. || **2.** *Civ.* y *Proc.* Acción que se dirige a ejecutar los títulos que llevan aparejada ejecución, que son las sentencias de condena firmes, los laudos o resoluciones arbitrales, las pólizas intervenidas por fedatario y los títulos al portador o nominativos representativos de obligaciones vencidas.

**acción pauliana** *Civ.* Acción revocatoria o rescisoria que corresponde al acreedor para impugnar los actos o contratos que el deudor haya realizado o celebrado en fraude de su derecho de crédito.

**acción pública** *Adm.* Legitimación que ostenta cualquier ciudadano, en ejercicio de la acción popular cuando una norma con rango de ley lo permite, para interponer un recurso administrativo o contencioso-administrativo, como, p. ej., en materia urbanística o en determinados supuestos relativos al patrimonio histórico-artístico y al medioambiente.

**acervo 1.** *Merc.* Conjunto de elementos materiales e inmateriales que forman parte de la organización de la empresa, entre los cuales están, principalmente, las mercaderías. || **2.** *Civ.* Totalidad de la herencia indivisa. || **3.** *Proc.* Conjunto de pruebas aceptadas y practicadas en una causa. || **4.** *Eur.* Conjunto del ordenamiento de la Unión Europea y la jurisprudencia y prácticas seguidas en su aplicación.

**aconfesionalidad** *Const.* Situación de un Estado que no está adscrito a una religión o creencia para garantizar el pluralismo y la tolerancia religiosa.

***a contrario sensu*** *Gral.* Que se argumenta a partir de lo que no se expresa en la norma o sentencia de referencia, o en el resultado de la prueba practicada.

**acoso laboral** *Lab.* Acción encaminada a producir malestar, miedo o terror en una persona o grupo de personas respecto de su lugar de trabajo y que afecta a la dignidad de los trabajadores y a su derecho a la intimidad.

**acoso sexual 1.** *Pen.* Solicitud de favores de naturaleza sexual para sí o para un tercero en el ámbito de una relación laboral, docente o de prestación de servicios, cuando tal reclamación sea continuada y tal comportamiento provoque en la víctima una situación intimidatoria, hostil o humillante. || **2.** *Mil.* Acoso de un superior a un subordinado con objeto de obtener favores sexuales.

**acrecentamiento** *Civ.* e *Hist.* Derecho de los herederos legítimos a recibir mayor cuota de bienes por fallecimiento de uno de ellos sin herederos forzosos o legítimos.

**acreedor, ra 1.** *Civ.* y *Merc.* Sujeto activo de la relación jurídica que tiene la facultad de exigir al deudor la conducta a que se obligó. || **2.** *Merc.*; *Nic.* Titular del derecho real de garantía mobiliaria constituido, con o sin posesión de esta.

**acta 1.** *Gral.* Documento donde se consigna por escrito el resultado de las deliberaciones y acuerdos de cualquier órgano colegiado. || **2.** *Parl.* Relación sucinta de todas las materias debatidas, personas intervinientes, incidencias producidas y acuerdos adoptados.

**actividad 1.** *Gral.* Conjunto de operaciones o tareas propias de una persona o entidad, cuya calificación (como actividad agraria, artística, económica, laboral, etc.) es relevante a efectos tributarios y de los requisitos necesarios para su ejercicio o práctica. || **2.** *Adm.* Desarrollo de las funciones, programas y competencias propios de las Administraciones públicas. || **3.** *Amb.* Cualquier instalación, establecimiento o actividad, públicos o privados, de naturaleza industrial, comercial, de servicios o de almacenamiento.

**acto administrativo** *Adm.* Decisión atribuible a una Administración pública —sea resolutoria, de trámite, declarativa, ejecutiva, consultiva, certificante, presunta o de cualquier otra clase— cuando ha sido adoptada en ejercicio de una potestad administrativa.

**acto de trámite** *Adm.* Cada uno de los actos que, incardinados en un procedimiento administrativo y emanados de la Administración pública actuante en el mismo, son distintos del que le pone fin y que, además, se caracterizan por ser únicamente recurribles junto con este, salvo que decidan, directa o indirectamente, el fondo del asunto, impidan la continuidad del procedimiento o produzcan indefensión o un perjuicio irreparable a derechos o intereses legítimos.

**acto *inter vivos*** *Civ.* Acto jurídico que tiene su causa en relaciones jurídicas realizadas entre personas vivas.

**acto procesal** *Proc.* Actuación producida en el seno del proceso judicial, fundamentalmente de carácter oral, por impulso del juez o tribunal o a iniciativa de las partes, ya se trate de vistas, declaraciones, interrogatorios, testimonios, careos, exploraciones, informes, ratificación de los informes periciales, etc.

**acto separable** *Adm.* Doctrina surgida en Francia como técnica para delimitar la competencia de las jurisdicciones civil y administrativa a propósito de los contratos celebrados por la Administración pública.

**actor, ra 1.** *Gral.* **demandante**. || **2.** *Int. púb.* Caracterización de naturaleza sociológica que alude a cualquiera de los participantes en las relaciones internacionales contemporáneas.

**acusación particular 1.** *Pen.* y *Proc.* Persona que solicita a la autoridad judicial la persecución de un delito o falta con la pretensión de que se castigue al culpable. || **2.** *Pen y Proc.* Acción popular por la que se insta la persecución de un delito o falta sin ser parte ofendida por el delito.

**acusación y denuncia falsa** *Pen.* Delito que realiza quien imputa a otro un hecho que, de ser cierto, constituiría infracción penal, siempre que se realice con conocimiento de su falsedad o temerario desprecio hacia la verdad y que la imputación se haga ante funcionario judicial o administrativo que tenga el deber de proceder a su averiguación.

**acusado, da 1.** *Pen.* y *Proc.* Sujeto sobre quien recae la acusación formulada en el correspondiente escrito de acusación. || **2.** *Adm.* Persona a la que se imputa o atribuye la comisión de una infracción administrativa y contra la que se inicia un procedimiento administrativo para sancionarla.

**adenda** *Gral.* Conjunto de adiciones al final de un escrito.

***ad hoc*** *Gral.* Específicamente, para la ocasión.

**adición 1.** *Gral.* Suma. || **2.** *Merc.* Nota de reparo que se pone en las cuentas. || **3.** *Gral.* Aceptación de un negocio jurídico *inter vivos* o *mortis causa*.

**adjudicación de contratos públicos** *Adm.* Acto por el que un poder adjudicador encomienda la ejecución del contrato a un contratista tras seguir el correspondiente procedimiento de selección de contratistas.

***ad litem*** *Proc.* A efectos del juicio.

***ad litteram*** *Gral.* Literalmente.

**Administración autonómica** *Adm.; Esp.* Administración integrada por todos los organismos que, dependiendo de los gobiernos de las comunidades autónomas, extienden sus competencias sobre el territorio de cada una de ellas.

**Administración de Justicia 1.** *Const.* y *Proc.* Conjunto de organismos y personas que se dedican a aplicar las leyes en los tribunales y juzgados. || **2.** *Const.* y *Proc.* Función pública derivada de la soberanía del Estado que se atribuye a los jueces y magistrados, en solitario o colegiadamente integrados en secciones o en las salas de Justicia de los tribunales.

**administración desleal** *Pen.* Delito que comete la persona que, encargada de gestionar un patrimonio ajeno, causa a este un perjuicio al excederse en el ejercicio de las facultades concedidas para ello.

**Administración estatal** *Adm.* En la legislación española, **Administración General del Estado**.

**Administración General del Estado** *Adm.; Esp.* Organización jurídico-pública, constituida por órganos jerárquicamente ordenados, que actúa con personalidad jurídica única y extiende su competencia sobre todo el territorio nacional.

**Administración municipal** *Adm.* Gobierno y administración de los municipios, que está a cargo de los ayuntamientos, integrados por el ayuntamiento pleno y el alcalde que lo preside.

**Administración pública** *Adm.* Conjunto de órganos y entidades que, encuadrados en el Gobierno estatal, autonómico o local, sirven con objetividad los intereses generales ejecutando las leyes y prestando los servicios públicos correspondientes.

**admisión de la demanda** *Proc.* Examen de oficio de la jurisdicción y competencia objetiva del órgano judicial al que se dirige una demanda a efectos de iniciar el procedimiento que corresponda.

**admisión de la prueba** *Pen.* y *Proc.* Decisión judicial motivada por la que el juez o magistrado determina qué pruebas serán incorporadas o practicadas en un proceso penal.

**adopción 1.** *Civ.* Acto jurídico mediante el cual se crea un vínculo de parentesco entre dos personas, adoptante y adoptado, de tal forma que establece entre ellas una relación de paternidad o maternidad con sus mismos efectos legales. || **2.** *Int. púb.* Expresión del acuerdo de los participantes en la negociación de un tratado respecto de su texto, concluyendo con ello su negociación.

***ad personam*** *Gral.* A título personal.

***ad probationem*** *Gral.* A efectos de prueba.

***ad quem*** *Proc.* Dicho del tribunal superior: Que debe resolver un recurso formulado contra una decisión del tribunal inferior que, respecto del primero, se denomina tribunal *a quo.*

**adquirente 1.** *Gral.* Persona que logra, obtiene o alcanza algo. || **2.** *Gral.* Persona que obtiene un derecho. || **3.** *Merc.*; *Nic.* Tercero que por cualquier título obtiene un bien, derecho o acción afecto a la garantía mobiliaria.

**adulterio** *Gral.* Relación sexual de persona casada con otra que no sea su cónyuge y que constituye grave infracción al deber de fidelidad que impone el matrimonio.

**afectación 1.** *Gral.* Acción y efecto de afectar. || **2.** *Adm.* Adscripción de un bien o derecho patrimonial a un uso o servicio públicos. || **3.** *Fin.* Característica de un tributo que se destina exclusivamente a financiar un gasto determinado. || **4.** *Fin.* Condición de los elementos patrimoniales que no se consideran en sí mismos individualmente, sino como parte de una actividad o explotación económica.

***affectio societatis*** *Merc.* En la jurisprudencia, voluntad de varias personas de mantenerse en sociedad, lo cual es un elemento necesario para la existencia de la sociedad misma.

**afiliación** *Gral.* Adscripción de una persona a una organización o sistema organizado.

**afinidad** *Civ.* Parentesco que, por el matrimonio, se establece entre cada cónyuge y los parientes del otro.

**aforado**[1] *Hist.* Territorio que se rige por un derecho privilegiado local.

**aforado[2], da 1.** *Proc.* Persona sometida a un fuero judicial especial por razón del cargo que desempeña, que consiste en que la competencia para juzgar sus actos o hechos que den lugar a un proceso penal corresponde a un órgano jurisdiccional superior al que la ostenta ordinariamente. || **2.** *Gral.; Esp.* Persona que tiene su vecindad civil en territorio foral de Vizcaya; también denominado infanzón. || **3.** *Hist.* Persona que se regía por un derecho privilegiado personal o de clase, lo que era propio del derecho medieval común; p. ej, los nobles, eclesiásticos, francos, judíos, gremios, etc.

**agnación** *Civ.* e *Hist.* Orden de suceder en las vinculaciones cuando el fundador llama a los que descienden de varón en varón.

**agravante 1.** *Adm.* y *Pen.* Circunstancia modificativa de la responsabilidad que determina un aumento de la pena correspondiente al delito por suponer una mayor peligrosidad del sujeto o una mayor antijuridicidad de su conducta. || **2.** *Adm.* Criterio que sirve para graduar al alza la extensión de la sanción procedente en cada caso.

**aguas 1.** *Adm.* Aguas continentales, tanto superficiales como subterráneas, costeras y de transición. || **2.** *Esp.* Leyes que regulan el régimen jurídico de las aguas en general.

**ajuste razonable** *Adm.* Adaptación necesaria y adecuada del ambiente físico, social y actitudinal a las necesidades específicas de las personas con discapacidad, que no imponga una carga desproporcionada o indebida, cuando se requiera en un caso particular de manera eficaz y práctica, para facilitar la accesibilidad y la participación y para garantizar a las personas con discapacidad el goce o ejercicio, en igualdad de condiciones con las demás, de todos los derechos.

**albacea** *Civ.* Persona encargada de ejecutar la última voluntad del testador.

**alcalde, desa 1.** *Adm.* Máximo órgano unipersonal ejecutivo del ayuntamiento, a quien corresponde la presidencia del pleno y de la Junta de Gobierno Local, y cuya elección se efectúa por la mayoría absoluta de los miembros de la corporación o, subsidiariamente, es elegido quien encabeza la lista más votada en las elecciones. || **2.** *Adm.*; *Bol.*, *C. Rica* y *Ec.* Autoridad encargada de la ejecución de lo dispuesto por el concejo municipal de un pueblo o de un cantón. || **3.** *Hist.* Desde la Alta Edad Media, oficial de la Administración de Justicia con facultad para juzgar, generalmente en primera instancia.

**aleatorio, ria** *Gral.* Dependiente de algún suceso fortuito.

**alegar 1.** *Proc.* Argumentar oralmente o por escrito hechos y derechos en defensa de una pretensión. || **2.** *Gral.*; *Col.* Discutir acaloradamente.

**alevosía 1.** *Pen.* Circunstancia agravante consistente en ejecutar un delito contra las personas con medios o de modo que haya indefensión en la víctima y así se asegure la indefensión. || **2.** *Hist.* y *Pen.* En la Edad Media, traición.

**alícuota** *Fin.* Tipo impositivo porcentual aplicable a las bases imponibles o liquidables expresadas en dinero a efectos de determinar la cuota íntegra de un tributo y que puede ser fijo o variable.

***alieni iuris*** *Civ.* Persona que no puede ejercer algunos derechos por estar sometida a potestad ajena.

**allanamiento 1.** *Pen.* Conducta que realiza quien entra o se mantiene en la morada o el domicilio de otro en contra de la voluntad del morador o del titular de dichos lugares. || **2.** *Proc.*; *Ec.* y *Par.* Ingreso de la fuerza pública en el domicilio de una persona en los casos y con las formalidades previstas por la ley. || **3.** *Proc.* Terminación anormal de un proceso en virtud del reconocimiento por parte del demandado de las pretensiones del actor.

***alma mater*** *Gral.* Universidad.

**alteración del orden público 1.** *Pen.* Delito que comete quienes causan lesiones en las personas, producen daños en las propiedades obstaculizando las vías públicas o los accesos a la misma de manera peligrosa o invaden instalaciones y edificios. || **2.** *Const.* Fundamento constitucional de la prohibición del ejercicio del derecho de reunión. || **3.** *Adm.* Circunstancia habilitante del uso de la fuerza por los cuerpos y fuerzas de seguridad del Estado. || **4.** *Const.* Supuesto habilitante de la declaración de estado de excepción.

**alzamiento de bienes** *Pen.* Delito que comete el deudor que oculta sus bienes, que fraudulentamente dispone de los mismos o que contrae obligaciones para perjudicar a su acreedor, dificultando o impidiendo el cobro de su crédito.

**amenaza 1.** *Gral.* Hecho de amenazar. || **2.** *Pen.* Anuncio de un mal que una persona dirige otra y que puede realizarse de forma oral, escrita o con actos y con entidad suficiente para infundir miedo y temor. || **3.** *Mil.* Hecho que, junto con la ofensa o ultraje a un superior, constituye una de las formas de sedición militar.

**amnistía 1.** *Const.* Forma de ejercicio del derecho de gracia que corresponde a los poderes públicos y que, a diferencia del indulto (que se basa en razones de equidad y se concede individualmente), tiene naturaleza colectiva y se ordena normalmente por razones de orden político de carácter extraordinario, como el término de una guerra civil o un período de excepción. || **2.** *Fin.* Extinción por ley del derecho de crédito que ostenta la Hacienda pública frente a colectivos de obligados tributarios por razón de determinados tributos o hechos tributarios.

**ampliación de demanda** *Proc.* Acumulación de otras acciones a las ejercitadas inicialmente con la demanda o contra demandados no contemplados en ella y que ha de presentarse antes de que el demandado formule la contestación.

**analogía 1.** *Civ.* y *Const.* Integración del ordenamiento en caso de lagunas legales consistente en aplicar a una determinada situación jurídica lo dispuesto para otra semejante. || **2.** *Pen.* Método por el que una norma jurídica se extiende, por identidad de razón, a casos no comprendidos en ella.

**anatocismo** *Civ.* y *Merc.* Interés de los intereses o interés compuesto.

***animus rem sibi habendi*** *Pen.* Intención que tiene el sujeto activo de un delito de apropiarse de la cosa sustraída o retenida.

**anomalía mental** o **anomalía psíquica** *Pen.* Afección mental que impide comprender la ilicitud del hecho o la capacidad de autocontrol, es decir, que produzca la inimputabilidad, e igualmente la «alteración psíquica» que produzca ese mismo efecto. ● *Puede ser considerada eximente o atenuante.*

**anotación preventiva** *Civ.* Asiento provisional en el Registro de la Propiedad que sirve de garantía registral para situaciones o expectativas dignas de ser tenidas en cuenta o derechos en formación.

***ante diem*** *Gral.* Dicho de una convocatoria: Que tiene lugar la víspera de un día.

**anteproyecto de ley** *Const.* Texto elaborado por uno o por varios ministerios que se eleva al Consejo de Ministros para su aprobación como proyecto de ley.

**anticresis** *Civ.* e *Hist.* Derecho real de garantía, con desplazamiento posesorio, por el que el acreedor adquiere el derecho a percibir los frutos de un bien inmueble de su deudor con obligación de aplicarlos al pago de los intereses, si existiesen, y después a la amortización del capital del crédito hasta que sea cancelada la deuda.

***antidumping*** *Fin.* Conjunto de medidas de defensa comercial aplicables cuando un suministrador extranjero practica precios inferiores a los que aplica en su propio país.

**antijuridicidad 1.** *Gral.* Condición de lo que es contrario al ordenamiento jurídico. || **2.** *Pen.* Cualidad contraria a derecho de una conducta y, por ello, ilícita, por infringir alguna norma jurídica tanto en su aspecto previo de norma de valoración como en el de norma de determinación. || **3.** *Adm.* Condición de un acto o hecho que es contrario al ordenamiento jurídico y, por ello, susceptible de ser sancionado si concurren el resto de los elementos esenciales de la infracción administrativa, como son la tipicidad y la culpabilidad. || **4.** *Adm.* Condición de un perjuicio provocado por la Administración cuando el administrado no tiene el deber de soportarlo y puede, en consecuencia, exigir responsabilidad patrimonial.

**antijurídico, ca 1.** *Gral.* Que es contrario a derecho. || **2.** *Adm.* Dicho de un daño, perjuicio o lesión: Que el administrado no tiene el deber de soportar.

**antinomia** *Gral.* Contradicción real o aparente entre dos principios o leyes, o entre dos pasajes de una misma ley.

**antisemita** *Pen.* Persona que comete delito incitando a la discriminación, odio o violencia contra el pueblo judío.

***antitrust*** **1.** *Adm.* y *Merc.* Dicho de una medida o de una regulación: Dirigida a asegurar la competencia de los mercados. || **2.** *Adm.* y *Merc.* Rama del derecho de la competencia.

**antropogénico, ca** *Amb.* Perteneciente o relativo a lo que procede de los seres humanos que, en particular, tiene efectos sobre la naturaleza.

**anulabilidad 1.** *Adm.* Vicio de un acto administrativo cuando incurre en cualquier infracción del ordenamiento jurídico, incluso la desviación de poder, cuando no incurre en causa de nulidad. || **2.** *Adm.* Causa de invalidez de un acto jurídico que deriva de la ausencia de alguno de los requisitos imprescindibles para que tenga validez. || **3.** *Adm.* Posibilidad de anular un contrato del sector público cuando incurre en cualquier infracción del ordenamiento jurídico que no sea de las tipificadas como causantes de nulidad en la legislación de contratos. || **4.** *Civ.* Posibilidad de anular un contrato privado cuando adolece de vicios que afectan al consentimiento, la causa o la capacidad de los contratistas. || **5.** *Can.* Situación de invalidez potencial de un acto jurídico por adolecer de un vicio.

**anverso 1.** *Gral.* Lado de una moneda o medalla que lleva la imagen o inscripción principal. || **2.** *Gral.* Lado de la página por donde comienza la lectura.

**año judicial** *Proc.* Período temporal en el que los tribunales de justicia funcionan de manera ordinaria.

**aparcería 1.** *Civ.* Contrato por el que el titular de una finca o una explotación cede su uso o disfrute, o el de alguno de sus aprovechamientos, ganado, maquinaria e instalaciones, conviniendo con el aparcero un reparto de los productos por partes proporcionales a sus respectivas aportaciones. || **2.** *Hist.* Contrato consensual, bilateral y oneroso, por el cual el aparcerista cede al aparcero un bien productivo o unos elementos de producción a cambio de recibir una parte de los frutos que produce o de las utilidades que le reporta.

**aparcerista** *Civ.* e *Hist.* Dueño de un bien productivo que cede a un aparcero mediante contrato de aparcería.

**aparcero, ra** *Civ.* e *Hist.* Persona que tiene un bien productivo en aparcería.

**apariencia de buen derecho 1.** *Proc.* Cualidad de la pretensión esgrimida por la parte recurrente en el proceso, que, por presentarse inicialmente sustentada en razones sólidas y fundadas, se presta a un juicio provisional sobre su prosperabilidad que justifica la adopción de medidas cautelares a fin de asegurar la eficacia de una posible sentencia estimatoria. || **2.** *Adm.* Criterio jurisprudencial contencioso-administrativo que permite suspender judicialmente con carácter provisional el acto administrativo impugnado cuando, de una manera terminante, clara y ostensible, se aprecie en él la concurrencia de una de las causas de nulidad de pleno derecho previstas en el ordenamiento, o se impugne un acto o una disposición idénticos a otros que ya fueron jurisdiccionalmente anulados. || **3.** *Eur*: Criterio jurisprudencial del Tribunal de Justicia de la Unión Europea que permite la adopción de medidas cautelares valorando la apariencia de seriedad de la pretensión procesal instrumentada.

**apelar 1.** *Proc.* Interponer un recurso de apelación. || **2.** *Gral.* Invocar.

**apercibimiento 1.** *Gral.* Acción de apercibir. || **2.** *Gral.* Advertencia. || **3.** *Gral.* Sanción prevista para faltas de carácter leve consistente en advertir al infractor de la incorrección de su conducta y de las consecuencias que pueden pararle en caso de reincidir, que conllevaría la imposición de una sanción más grave. || **4.** *Adm.* Posibilidad excepcional otorgada al órgano judicial de no acordar la apertura del procedimiento sancionador y, en su lugar, requerir al sujeto responsable para que en un determinado plazo adopte las medidas correctoras pertinentes, siempre que la infracción sea leve o grave y el sujeto no hubiera sido apercibido con anterioridad.

**apoderamiento 1.** *Gral.* Acto por el que una persona otorga a otra la facultad de representarla. || **2.** *Gral.* Aprehensión de lo ajeno, manteniéndolo bajo el poder propio.

**apología** *Pen.* Acto preparatorio del delito que consiste en la exposición, ante una concurrencia de personas o por cualquier medio de difusión, de ideas o doctrinas que ensalcen el crimen o enaltezcan a su autor y que solo es delictivo como forma de provocación y si por su naturaleza y circunstancias constituye una incitación directa a cometer un delito.

***a posteriori*** *Gral.* Con posterioridad, aplazadamente, más tarde.

**aprehender 1.** *Gral.* Coger, asir, prender a alguien o algo, especialmente si es de contrabando. || **2.** *Pen.* Retener a una persona para presentarla a la autoridad.

**apremio 1.** *Proc.* Mandamiento de autoridad judicial para compeler al pago de alguna cantidad o al cumplimiento de otro acto obligatorio. || **2.** *Adm.* y *Fin.* Procedimiento ejecutivo que siguen las autoridades administrativas y agentes de la Hacienda pública o de la Seguridad Social para el cobro de impuestos o descubiertos a favor de esta o de entidades a que se extiende su privilegio. || **3.** *Adm.*; *Arg.* Procedimiento que persigue el cobro judicial de los créditos fiscales por tributos, sus accesorios y sus multas, de la provincia o municipalidades contra sus deudores y responsables. || **4.** *Merc.*; *Bol.* y *Pan.* Solicitud que se formula al Tribunal Marítimo con el fin de que el secuestrante comparezca al término de la distancia para justificar la procedencia del secuestro al momento de ser decretado.

***a priori*** *Gral.* Previamente, con anterioridad.

***apud acta*** *Gral.* Acto jurídico documentado de apoderamiento que se formaliza ante el fedatario judicial, mediante el cual se le otorga a un procurador la facultad de representación en el proceso.

**aquiescencia 1.** *Gral.* Consentimiento. || **2.** *Int. púb.* Consentimiento que se deduce del silencio o la abstención de un Estado ante un hecho o acto de otro Estado susceptible de modificar la situación jurídica existente.

***a quo*** *Gral.* Dicho de un juez o un tribunal: Autor de la resolución que se recurre ante otro tribunal superior o *ad quem*.

**arancel 1.** *Fin.* Relación clasificada de mercancías que establece los tipos y demás criterios para la liquidación de los derechos de aduana y gravámenes a la importación. || **2.** *Eur.* Texto aprobado por el Consejo de la Unión Europea que contiene la nomenclatura de los productos y las reglas de aplicación del arancel aduanero común. || **3.** *Eur.* Relación que contiene los productos y criterios de liquidación de los impuestos de aduana en cada Estado miembro, de acuerdo con lo que establece el arancel de la Unión Europea. || **4.** *Eur.* Tarifa exterior común (TEC) que establece tasas iguales de arancel frente a países terceros respecto de la Unión Europea. || **5.** *Proc.* Conjunto de normas que rigen la percepción por los procuradores de los tribunales, notarios y registradores, de las cantidades que han de abonarles sus clientes por su intervención profesional. || **6.** *Gral.*; *Arg.* Honorario que percibe el abogado por su labor. || **7.** *Can.* Tributo moderado que puede imponer el obispo diocesano a las personas jurídicas públicas sujetas a su jurisdicción para subvenir a las necesidades de la diócesis. || **8.** *Can.* Tasa administrativa. || **9.** *Civ.*; *P. Rico* Pago de derechos y costas en casos civiles.

**arbitraje 1.** *Civ.* y *Proc.* Sistema extrajudicial de resolución de los conflictos intersubjetivos sobre cuestiones de libre disposición.

**arbitrariedad 1.** *Adm.* y *Proc.* Acto o proceder contrario a la justicia, la razón o las leyes dictado solo por voluntad o capricho de su autor, sin un razonamiento suficiente y sin explicación bastante de las razones en que se basa o careciendo estas de cualquier fundamento serio. || **2.** *Can.* Ejercicio de una potestad no reglada por el derecho canónico.

**archivo de la causa** *Pen.* Finalización del procedimiento penal mediante una resolución que así lo acuerda, de modo definitivo o provisional según las circunstancias del caso.

**archivo electrónico único** *Adm.* y *Tel.* Archivo que debe mantener cada Administración de los documentos electrónicos correspondientes a procedimientos finalizados.

**arras 1.** *Gral.* Señal o prenda que se entrega como garantía del cumplimiento de un acto jurídico. || **2.** *Civ.* Donación entregada por el novio o familia del novio a la novia o familia de la novia en razón de la dote aportada por la familia de esta. || **3.** *Civ.* e *Hist.* Parte del precio que el comprador anticipa en un contrato de compraventa para exigir al vendedor el traslado de la cosa vendida.

**arrendamiento** *Civ.* Contrato por el que una de las partes, a cambio de un precio, cede a la otra el uso temporal de una cosa (arrendamiento de cosas) o ejecuta una obra o presta un servicio determinado (arrendamientos de obra o de servicio).

**arrepentimiento** *Pen.* Impulso o sentimiento de pesar por el mal hecho., que normalmente es una simple atenuante, pero en algunos delitos puede llegar a ser una causa personal de supresión o anulación de la punibilidad.

**arresto 1.** *Gral.* Detención o privación de libertad. || **2.** *Mil.* Sanción disciplinaria aplicable a las faltas y que consiste, si son leves, en la restricción de libertad del sancionado y, si son graves, en la privación de libertad del sancionado y su internamiento en un establecimiento disciplinario militar durante un tiempo determinado. || **3.** *Hist.* y *Pen.* Pena de prisión.

**arrogarse** *Gral.* Apropiarse indebidamente de honores, títulos o derechos.

**ascendiente 1.** *Civ.* Persona de generaciones anteriores ligada a otra por parentesco en línea recta, como padres, abuelos, etc., que es titular y obligado en relación con el derecho a alimentos y puede ser heredero forzoso. || **2.** *Gral.* Influjo, predominio o influencia que alguien ejerce en virtud de su autoridad moral, dotes, persuasión o bonhomía.

**asechanza** *Pen.* Acto de esperar más o menos tiempo en uno o varios lugares a a alguien con el fin de darle muerte o de ejercer contra él actos de violencia.

**asesinato** *Pen.* Delito consistente en dar una persona muerte a otra cuando concurren circunstancias como la alevosía, el precio, la recompensa, la promesa o el ensañamiento —aumentando deliberada e inhumanamente el dolor del ofendido—, o para facilitar la comisión de otro delito o evitar que este se descubra.

**asiento 1.** *Adm.*, *Civ.* y *Merc.* Inscripción o anotación en un registro público. || **2.** *Civ.* Primera y sucinta toma de razón de un título en el Registro de la Propiedad, a cuya fecha se retrotraen los efectos de la ulterior inscripción y que determina la preferencia entre estas cuando son varias y están relacionadas. || **3.** *Adm.* Cada uno de los apuntes que se realizan sobre una inscripción del Registro de Aguas y que refleja los cambios que se han ido produciendo en el historial administrativo de un aprovechamiento. || **4.** *Parl.*; *Chile* y *Méx.* Escaño parlamentario. || **5.** *Merc.*; *Arg.* Documento que sirve de prueba de la existencia de una inscripción.

**asilo 1.** *Int. púb.* Protección que el Estado puede brindar a determinados individuos, extranjeros o apátridas que en sus Estados de origen son objeto de una persecución individualizada por motivos ideológicos o políticos. || **2.** *Adm.* Establecimiento benéfico en que se recoge o se dispensa asistencia a personas sin recursos económicos. || **3.** *Int. púb.* Protección dispensada a los nacionales no comunitarios o a los apátridas a quienes se les reconozca la condición de refugiado.

**asociación** *Adm.*, *Civ.* y *Const.* Organización dotada de personalidad jurídica, integrada por una diversidad de personas físicas o jurídicas, que, mediante un pacto asociativo, se dedica de forma permanente a la consecución de determinados fines sin objeto de lucro.

**asueto 1.** *Gral.* Vacación por un período breve. || **2.** *Lab.*; *Arg.*, *C. Rica*, *Guat.* y *Hond.* Descanso o suspensión de la actividad habitual de un empleado, público o privado, durante un período breve, generalmente de uno a tres días. || **3.** *Lab.*; *C. Rica* Suspensión temporal de actividades en centros laborales o educativos, que se decreta por conveniencia social ante un acontecimiento.

**atentado** *Pen.* Delito que consiste en la agresión a un agente de la autoridad o a un funcionario público cuando están en el ejercicio de sus funciones o cuando se produce la agresión por motivo de las mismas.

**atenuante** **1.** *Pen.* Circunstancia que mitiga, atenúa o disminuye la gravedad de la pena. || **2.** *Adm.* Circunstancia cuya concurrencia atenúa la responsabilidad administrativa sancionadora que puede exigirse a un acusado.

**atestar** *Proc.* Testificar, deponer como testigo.

**audiencia** **1.** *Proc.* Tribunal de justicia colegiado. || **2.** *Proc.* Distrito de la jurisdicción de una audiencia. || **3.** *Adm.* Edificio en que tiene su sede una audiencia. || **4.** *Adm.*; *Esp.* Circunscripción judicial mayor. || **5.** *Adm.* Derecho de un acusado a formular su último escrito de alegaciones y presentar los últimos documentos ante el instructor del procedimiento sancionador una vez que le haya sido notificada la propuesta de resolución.

**Audiencia Nacional** *Proc.*; *Esp.* Tribunal con jurisdicción en toda España y sede en la villa de Madrid, que conoce de ciertas causas penales, sociales y contencioso-administrativas y que está integrado por la Sala de Apelación, la Sala de lo Penal, la Sala de lo Contencioso-Administrativo y la Sala de lo Social.

**audiencia preliminar** **1.** *Pen.* y *Proc.* Actuación procesal para decidir sobre la procedencia de la apertura de juicio oral ante el tribunal del jurado, a cuyo efecto se convoca a las partes para realizar las diligencias que han propuesto antes de decidir sobre la apertura del juicio oral. || **2.** *Pen.* y *Proc.*; *R. Dom.* Audiencia oral, pública y contradictoria en la etapa preparatoria del proceso penal, que debe realizarse en un plazo no menor de diez días ni mayor de veinte a partir de la fecha de presentación de la acusación, al final de la cual el juez decide si da apertura a juicio o rechaza la acusación dictando un auto de no ha lugar. || **3.** *Proc.*; *Bol.*, *Col.*, *Ec.* y *El Salv.* Audiencia en la etapa primera y preparatoria del proceso penal que tiene por objeto reunir los elementos de prueba sobre el hecho delictivo imputado, para realizar el juicio, sobre la base de una acusación, o para evitarlo mediante el sobreseimiento. || **4.** *Proc.*; *Bol.* y *Ec.* Audiencia en la que la autoridad que juzga, dentro de un procedimiento ordinario, fija los límites del litigio y traba la litis. || **5.** *Proc.*; *Arg.* Audiencia celebrada en el proceso con las finalidades de oír a las partes, invitarlas a la conciliación, fijar los hechos conducentes a la decisión sobre los cuales versará la prueba y proveerla o, en su caso, declarar la cuestión de puro derecho.

**auditoría de cuentas** *Merc.* Revisión y verificación de documentos contables hecha por profesionales o empresas habilitadas al efecto para dictaminar si las cuentas anuales expresan la imagen fiel del patrimonio, de la situación financiera y de los resultados de la entidad auditada de acuerdo con el marco normativo de información financiera que resulte de aplicación.

**autarquía 1.** *Adm.* Política económica que restringe las importaciones y las relaciones con otros países, centrando el bienestar y la prosperidad en la utilización de los recursos propios y la autosuficiencia. || **2.** *Gral.* Autonomía financiera.

**autenticar** *Gral.* Autorizar o legalizar algo.

**auto** *Proc.* Resolución judicial motivada, estructurada con la debida separación de hechos, fundamentos y parte dispositiva, que decide los recursos interpuestos contra providencias o decretos, las cuestiones incidentales, los presupuestos procesales, la nulidad del procedimiento, así como los demás casos previstos en la ley.

**autonomía** *Adm.* y *Const.* Potestad de decidir la propia organización y ejercer funciones, públicas o privadas, sin más limitaciones que las establecidas en la Constitución y las leyes.

**autonomía de las comunidades autónomas** *Adm.* y *Const.*; *Esp.* Potestad de autoorganización y de formulación de políticas propias en materias de su competencia, incluso mediante leyes, reconocida por la Constitución y definida en los estatutos de autonomía.

**autonomía local 1.** *Adm.* y *Const.* Garantía institucional del núcleo primario o esencial del autogobierno de las entidades locales directamente contempladas por la CE al determinar la organización territorial del Estado, que es, por ello, indisponible para el legislador ordinario. || **2.** *Adm.* y *Const.* Derecho del municipio, la provincia, o entidad equivalente, y la isla a intervenir en cuantos asuntos afecten directamente al círculo de sus intereses. || **3.** *Adm.* y *Const.* Gestión político-administrativa bajo la propia responsabilidad, en el marco de la ley y de las correspondientes competencias, determinada por la legislación básica de régimen local para las entidades locales incluidas en su ámbito de aplicación.

**autónomo, ma** *Fin.* Persona física que, de forma habitual, personal, directa, por cuenta propia y fuera del ámbito de dirección y organización de otra persona, realiza una actividad económica o profesional a título lucrativo, dé o no ocupación a trabajadores por cuenta ajena.

**autor, ra del delito 1.** *Pen.* Persona que comete el hecho delictivo por sí sola, conjuntamente o por medio de otro del que se sirve como instrumento. || **2.** *Pen.*; *Chile* y *Guat.* Cada una de las personas que, concertadas para la ejecución del hecho, facilitan los medios para que se realice o lo presencian sin tomar parte inmediata en él.

**autoridad administrativa independiente** *Adm.* Entidad de derecho público que, vinculada a la Administración General del Estado y con personalidad jurídica propia, tiene atribuidas funciones de regulación o supervisión de carácter externo sobre sectores económicos o actividades determinadas, por requerir su desempeño de independencia funcional o una especial autonomía respecto de la Administración General del Estado.

**auxilio judicial** *Proc.* Acto de auxilio o colaboración en la realización de actos judiciales por un juzgado o tribunal distinto del que conoce de un asunto cuando este no puede practicar en su sede una actuación concreta.

**aval 1.** *Civ.* y *Merc.* Compromiso que asume una persona de pagar un papel de comercio en caso de incumplimiento del deudor principal, obligándose para ello como garantía solidaria de uno de los firmantes del documento. || **2.** *Fin.* Garantía que debe ofrecer el obligado tributario con diversos fines, como la suspensión de la ejecutividad del acto administrativo recurrido y el afianzamiento de aplazamientos y fraccionamientos, y a la que concede preferencia la Administración frente a otras garantías. || **3.** *Fin.* Garantía mediante la cual la Administración General del Estado puede afianzar las obligaciones derivadas de operaciones de crédito concertadas en el interior o exterior, por personal físicas o jurídicas, públicas o privadas.

**avenir 1.** *Gral.* Acordar, ponerse de acuerdo. || **2.** *Proc.*; *R. Dom.* Llevar a cabo un acto recordatorio. || **3.** desus. *Hist.* Suceder.

**avocar** *Gral.* Atraer la resolución de un asunto o causa cuya decisión correspondería a un órgano inferior.

**ayuda pública** *Adm.*, *Eur.* y *Merc.* Prestación económica de cualquier clase, aportada por organismos públicos a las empresas, que puede consistir en ayudas financieras directas, avales, reducción de cargas, bonificaciones fiscales o auxilios de cualquier tipo, como consecuencia de lo cual se produzca una ventaja frente a otros operadores o se falsee o se amenace con falsear la competencia o pueda afectar de modo sensible al mercado intracomunitario.

**az 1.** *Hist.* y *Mil.* En la Edad Media, tipo de formación de la tropa en la hueste y que consistía en mantener los soldados tendidos en hilera. || **2.** *Hist.* Línea de batalla.

# b

**bagaje 1.** *Gral.* Conjunto de conocimientos y experiencias adquiridos en alguna actividad en particular o en la vida en general. || **2.** *Gral.* Equipaje militar que las tropas llevan cuando están en movimiento.

**balanza de pagos 1.** *Fin.* Documento contable donde se registran todas las transacciones económicas ocurridas durante un período de tiempo, que se subdivide en balanza comercial (importación y exportación de mercancías), balanza de servicios (ingresos o pagos por servicios realizados), balanza de transferencias (operaciones que no implican contrapartida) y balanza de capitales. || **2.** *Fin.* Cuadro económico que expresa la relación de transacciones financieras internacionales entre dos Estados o un conjunto de ellos como consecuencia, básicamente, de las exportaciones e importaciones y de las transferencias recibidas y enviadas.

**baldío¹** *Adm.* Terreno de dominio público, improductivo, concedido habitualmente por el Estado para su ocupación y laboreo.

**baldío², a** *Gral.* Vagabundo, sin oficio u ocupación.

**Banco de España** *Adm.* y *Merc.*; *Esp.* Entidad de derecho público, con personalidad propia, que tiene un estatuto de independencia respecto de la Administración del Estado y forma parte del Sistema Europeo de Bancos Centrales.

**base imponible** *Fin.* Magnitud dineraria o de otra naturaleza que se utiliza como punto de referencia para calcular la cuota tributaria a pagar por un contribuyente.

**bastantear 1.** *Proc.* Dicho de un abogado: Afirmar por escrito y bajo su responsabilidad que un instrumento público, en donde consta un contrato de mandato, es bastante para dar valor legal a una o más actuaciones del mandatario. || **2.** *Proc.* Declarar que un poder u otro documento es bastante para el fin con que ha sido otorgado.

**beneficio de división** *Civ.* Derecho de un fiador a ser reclamado exclusivamente por la parte proporcional de la deuda de la que es responsable.

**beneficio de excusión** *Civ.* En la fianza simple, facultad que corresponde al fiador de oponerse a la reclamación del acreedor hasta que se habilite la insolvencia total o parcial del deudor fiado.

**beneficio de inventario 1.** *Civ.* Restricción de la responsabilidad del heredero a los bienes hereditarios o recibidos en la herencia sin que se extienda a los bienes propios del heredero aceptante, en contraposición a la aceptación pura y simple de la herencia, que obliga al heredero a responder con los propios bienes de las deudas que pueda tener la herencia. || **2.** *Hist.*; *Arg.* y *P. Rico* Figura por la que el heredero podía aceptar la herencia dejando a salvo sus bienes para responder por las deudas del causante.

**beneficio de la duda** *Pen.* Beneficio que aprovecha alguien contra quien hay ciertos indicios de culpabilidad.

**benevolencia** *Gral.* Buena voluntad o afecto hacia personas sobre las que se tiene autoridad.

**bien 1.** *Civ.* Cosa susceptible de apropiación. || **2.** *Gral.* Todo interés jurídicamente protegible, ya sea individual o social, aunque no tenga un carácter real.

**bien de dominio público** *Adm.* Bien cuya titularidad es del Estado o de alguna otra Administración pública, como las comunidades autónomas, las provincias o los municipios, y que se caracteriza por estar destinado o afectado a un uso o a un servicio público.

**bien demanial** *Adm.* Bien de dominio público.

**bien jurídico** *Pen.* Objeto material o inmaterial, incluidos intereses o derechos, socialmente valioso y protegido por el derecho.

**bien mostrenco** *Adm.* y *Civ.* Bien que no tiene dueño conocido, bien vacante.

**bien mueble** *Adm.* y *Civ.* Bien que se caracteriza por su movilidad y su posibilidad de traslación, o cualquier derecho al que las leyes otorgan esta condición.

**bien semoviente** *Adm.* y *Civ.* Bien que se puede mover por sí mismo, como los animales.

**bien troncal** *Civ.*; *Esp.* Bien perteneciente a una misma familia a lo largo de generaciones y sometido a un régimen especial de transmisión por herencia.

**bien vacante** *Adm.* y *Civ.* Bien que no tiene dueño conocido. ● *Históricamente esta calificación suele reservarse a los bienes inmuebles.*

**bigamia** *Pen.* Estado de la persona que contrae matrimonio estando vigente otro anterior.

**blanqueo de capitales** *Fin.* y *Pen.* Adquisición, utilización, conversión o transmisión de bienes que proceden de determinadas actividades delictivas o de participación en ellas, para ocultar o encubrir su origen o ayudar a la persona que haya participado en la actividad delictiva a eludir las consecuencias jurídicas de sus actos.

**boicot** *Int. púb.* Represalia consistente en la prohibición por parte del Estado lesionado por un hecho internacionalmente ilícito de la importación de mercancías originarias del Estado autor del hecho.

**Bolsa de Valores** *Merc.* Institución creada mediante decisiones legislativas, en la que se negocian las acciones y valores convertibles en acciones y otros valores que otorgan derecho a su adquisición o suscripción.

**bróker** *Merc.* Persona que actúa como intermediario por cuenta ajena en operaciones comerciales, de seguros o bursátiles.

**buena fe 1.** *Gral.* Estándar de conducta ética que debe presidir el ejercicio de los derechos subjetivos y los procedimientos y prácticas administrativas y procesales. || **2.** *Adm.* Principio general de derecho que, en el ámbito administrativo sancionador, puede actuar como causa para excluir o atenuar la responsabilidad del acusado atendiendo al principio de proporcionalidad. || **3.** *Int. púb.* Principio estructural del derecho internacional que rige el cumplimiento de las obligaciones internacionales contraídas por los Estados. || **4.** *Int. púb.* Fundamento de la obligación creada por un acto unilateral. || **5.** *Int. púb.* Principio aplicable en el proceso de celebración de los tratados internacionales, en particular en la negociación, entre la firma o canje de instrumentos y la manifestación del consentimiento y entre esta y la entrada en vigor del tratado.

**bufete 1.** *Gral.* Estudio o despacho de un abogado. || **2.** *Gral.* Clientela del abogado.

**burofax 1.** *Adm.* Servicio de fax, de valor fehaciente, en una oficina de correos. || **2.** *Adm.* Escrito o documento enviado a través de este servicio.

# C

**cabildo 1.** *Hist.* Ayuntamiento, corporación municipal. || **2.** *Adm.; Esp.* Órgano de gobierno exclusivo que tiene cada una de las islas Canarias, salvo La Graciosa.

**cadena perpetua** *Pen.* Pena que supone el encerramiento de un condenado de por vida en una prisión.

**caducidad 1.** *Gral.* Decadencia de derechos por su falta de ejercicio en el término establecido en la ley o determinado por la voluntad de las partes contractuales. || **2.** *Adm.* Forma de terminación del procedimiento administrativo.

**calumnia 1.** *Pen.* Imputación de un delito hecha con conocimiento de su falsedad o temerario desprecio de la verdad. || **2.** *Mil.* Delito relativo al ejercicio de los derechos fundamentales y de las libertades públicas por los militares y también como forma de insulto a superior cuando se realiza en su presencia o ante una concurrencia de personas, por escrito o con publicidad.

**cancelación de antecedentes penales** *Pen.* y *Proc.* Eliminación de los antecedentes delictivos que aparezcan registrados, una vez que se hayan cumplido los requisitos exigidos legalmente.

**canciller 1.** *Int. púb.* Empleado de una embajada, legación o consulado. || **2.** *Const.* En algunos países, magistrado supremo. || **3.** *Const.* En algunos países, ministro de Asuntos Exteriores. || **4.** *Int. púb.* Jefe del personal administrativo de una misión diplomática o de una oficina consular. || **5.** *Hist.* Secretario encargado del sello real con el que se autorizaban los privilegios y cartas reales. || **6.** *Hist.* Durante el Antiguo Régimen, oficial de la Administración central encargado de la Cancillería Real, con las competencias de guardar el sello real y la expedición de las cartas y documentos reales, así como su archivo.

**capacidad contractual** *Gral.* Aptitud de una persona para contraer obligaciones voluntariamente mediante contrato.

**capacidad de obrar** *Civ.* Aptitud para realizar actos con eficacia jurídica que creen, modifiquen o extingan relaciones jurídicas.

**capacidad jurídica** *Civ.* Cualidad esencial que comprende la aptitud jurídica para la apropiación: poder, tener, poseer, adquirir, estar obligado y responder.

**capitación 1.** *Fin.* Repartimiento de tributos y contribuciones que se hace por cabezas o se paga por individuos en atención a los capitales, rentas, productos de la industria u otros hechos imponibles. || **2.** *Hist.* Durante el Antiguo Régimen, impuesto directo personal que se pagaba por cabezas.

**capital social 1.** *Merc.* En las sociedades de capital, cifra formal que debe figurar en los estatutos sociales equivalente al valor económico de la suma de las aportaciones que los socios realizan a la sociedad. || **2.** *Merc.* Capital de explotación que procede de las aportaciones de los socios y con que cuenta una sociedad para desarrollar su objeto social. || **3.** *Merc.* Cifra que determina el régimen de organización interna y la posición jurídica de los socios, ya que sirve de medida de sus derechos y facultades dentro de la organización societaria. || **4.** *Merc.* Cifra formal que figura en el pasivo del balance y que sirve de retención de valores equivalentes en el activo.

**capitidisminución** *Civ.* Reducción de la capacidad jurídica de una persona.

**carga de la prueba** *Adm., Civ.* y *Proc.* Obligación que se impone a una parte en el proceso de acreditar los hechos y circunstancias en que fundamenta sus pretensiones.

**carrera judicial** *Adm.* Conjunto de funcionarios que integran la Magistratura.

**carta de naturaleza 1.** *Int. priv.* Modalidad de adquisición de la nacionalidad, de carácter graciable y no sujeta a las normas generales de procedimiento administrativo, que otorga discrecionalmente el Gobierno mediante real decreto tras valorar la concurrencia en el solicitante de circunstancias excepcionales. || **2.** *Gral.* Nacimiento, reconocimiento. || **3.** *Hist.* En el Antiguo Régimen, cédula de despacho en la que el soberano concedía a un extranjero el privilegio de ser tenido por natural del país para poder gozar de los derechos propios de los naturales.

**cártel.** *Comp.* Acuerdo restrictivo entre competidores cuyo objetivo es fijar precios, repartirse mercados o establecer cuotas de producción, generalmente de carácter secreto.

**casa consistorial** *Adm.* Sede de las entidades locales y en la que se celebran las sesiones de sus órganos ordinariamente.

**Casa del Rey 1.** *Const.*; *Esp.* Organismo que, bajo la dependencia directa del rey, lo apoya administrativamente en las actividades derivadas del desempeño de sus funciones como jefe de Estado. || **2.** *Hist.*; *Esp.* Conjunto de dependencias, acompañantes personales y de confianza, oficiales y órganos que atendían al rey.

**caso fortuito 1.** *Gral.* Hecho que no ha podido preverse, que no hubiera podido preverse o que, previsto, fuera inevitable. || **2.** *Pen.* Realización accidental, es decir, no dolosa ni imprudente, de la parte objetiva de un tipo delictivo.

**catastro** *Fin.* Registro administrativo en el que se describen y valoran los bienes inmuebles rústicos, urbanos y de características especiales tal y como se definen en la ley, comprendiendo tanto el suelo como las construcciones.

**caución 1.** *Proc.* Garantía pecuniaria que se exige durante la tramitación de un proceso judicial para garantizar la satisfacción de un derecho de crédito que constituye la pretensión principal que se sostiene en dicho proceso. || **2.** *Adm.* y *Proc.* En referencia a las medidas cautelares, garantía que presta la parte recurrente, en cuyo favor se acuerda una medida cautelar, para responder ante la parte litigante contraria de los eventuales perjuicios que pudieran derivar de la aplicación de la medida cautelar acordada, en caso de que la resolución que, finalmente, ponga término al proceso inadmita o desestime su pretensión. || **3.** *Civ.*; *Chile, Col.*, *Ec.*, *Guat.*, *Hond.* y *Ur.* Obligación que se contrae para la seguridad de otra obligación propia o ajena, como las fianzas, las hipotecas y las prendas. || **4.** *Pen.*; *Chile* Pena de carácter pecuniario consistente en la obligación de presentar un fiador, quien ha de responder por que el delincuente no ejecute el mal que se trata de precaver o que cumpla la condena principal que se le hubiera impuesto. || **5.** *Hist.* y *Pen.* Pena por la cual se obligaba al reo de un delito de amenazas a presentar un fiador abonado que se hiciere responsable de que el condenado no cometiera el delito que se tratare de precaver, obligándose a entregar, si se causare, la cantidad fijada en la sentencia. || **6.** *Proc.*; *Ec.* Garantía de la presencia de la persona procesada con suspensión de la prisión preventiva. || **7.** *Proc.*; *Ec.* Garantía que se rinde por los perjuicios ocasionados por la demora, cuando se ha recurrido en casación y se ha pedido la suspensión de la ejecución de la sentencia recurrida. || **8.** *Proc.*; *Ec.* Garantía que se rinde cuando se pide la suspensión de la ejecución de un laudo arbitral por la demora producida por la interposición de una acción de nulidad.

**caudal relicto** *Civ.* Conjunto de bienes, derechos, acciones y deudas que deja una persona a su fallecimiento y que constituye su herencia.

***causa expropiandi*** *Adm.* Uno de los elementos esenciales para que la expropiación sea legal y que radica en la concurrencia de razones de utilidad pública o interés social.

**causalidad** *Pen.* Causa u origen de algo, o también condición de causal en una acción o fenómeno, es decir, de ser causa u origen de algo como su resultado, efecto o consecuencia.

***causa petendi*** **1.** *Proc.* Fundamento de la acción, integrado por el conjunto de hechos que, subsumidos en lo dispuesto en normas jurídicas, otorgan al actor el derecho que trata de hacer valer ante los tribunales o ante cualquier instancia administrativa. ‖ **2.** *Proc.* Título o justificación de la pretensión que se sostiene en un escrito procesal presentado ante un juez o tribunal, fundamentalmente con la demanda, o que constituye la razón de ser de una reclamación administrativa. ‖ **3.** *Can.* Elemento configurador de la acción procesal que permite identificarla, pues en ella se fundamenta la acción judicial.

***cautela Socini*** *Civ.* Facultad que se concede al testador de establecer disposiciones testamentarias que graven la legítima y que favorecen al legitimario únicamente en el caso de que acepte el gravamen o limitación impuesto sobre la legítima.

**celibato 1.** *Civ.* Estado del hombre o mujer que vive sin casarse. ‖ **2.** *Can.* Elección voluntaria y libre de no adquirir un vínculo matrimonial y de vivir la continencia sexual por un motivo religioso.

**censo 1.** *Civ.* Derecho real de contenido limitado por el que se sujeta un bien inmueble al pago de un canon anual en retribución de un capital que se recibe en dinero o del dominio menos pleno que se transmite de dichos bienes. ‖ **2.** *Can.* Derecho real sobre un bien eclesiástico que puede constituirse previo cumplimiento de los requisitos establecidos en el derecho canónico. ‖ **3.** *Gral.* Lista que recoge y relaciona los individuos que integran una población, las personas que tienen derecho a voto, los trabajadores o empresas de una determinada cualificación u otras relaciones semejantes.

**censo electoral 1**. *Const.* Registro oficial, permanente y único para todas las elecciones, de personas con derecho a voto. ‖ **2.** *Adm.*; *P. Rico.* Documento impreso en papel o material análogo o electrónico preparado por la Comisión Estatal de Elecciones que incluye los datos de los electores calificados asignados para votar en un colegio o centro de votación.

**certificado 1.** *Gral.* Documento acreditativo de una situación o realidad, ordinariamente de hecho, que consta fehacientemente a la entidad pública o privada que la emite. ‖ **2.** *Gral.* Documento que contiene una certificación.

**cesión 1.** *Gral.* Transferencia de un bien o derecho. || **2.** *Civ.* y *Merc.* Pago que hace el deudor de sus deudas entregando bienes. || **3.** *Adm.* Obligación de entregar a la Administración terrenos para zonas verdes, espacios libres y otras dotaciones públicas, así como para que pueda edificar el porcentaje de aprovechamiento que le corresponde legalmente.

**cheque** *Merc.* Título valor consistente en una orden o mandato que da el firmante o librador a una entidad de crédito o librado para que pague a la vista al tenedor legítimo una determinada cantidad de dinero con cargo al depósito o cuenta que el librador tiene en dicha entidad.

**chivo expiatorio** *Gral.* Persona sobre la que se hacen recaer culpas ajenas para eximir a los verdaderos culpables.

**circular** *Adm.* Documento en el que se contienen instrucciones concernientes a la organización y funcionamiento interno de un servicio o grupo de servicios de las Administraciones públicas, o también criterios organizativos y de actuación que deben seguir instituciones cuya actividad está sometida a la supervisión y control de la administración que las dicta.

**circunscripción electoral** *Const.* Demarcación que se toma como criterio para distribuir los escaños, tomando en consideración el conjunto de votos emitidos en la misma.

**ciudadanía** *Const.* Condición que se otorga a una persona por ser miembro de un país, lo cual le impone derechos políticos y sociales sustentados en el principio constitucional de igualdad, que permite la participación activa y pacífica en la vida política de un país y que se relaciona fundamentalmente con las libertades políticas esenciales que implican votar y ser votado a través de los medios de elección democráticos de cargos públicos previamente establecidos.

**civilización 1.** *Gral.* Conjunto de costumbres, ideas, creencias, cultura y conocimientos científicos y técnicos que caracterizan a un grupo humano en un momento de su evolución. || **2.** *Gral.* Estadio de progreso material, social, cultural y político propio de las sociedades más avanzadas.

**cláusula abusiva** *Civ.* y *Merc.* Estipulación contractual no negociada individualmente que causa un desequilibrio importante en cuanto a derechos y obligaciones derivados del contrato en perjuicio del consumidor.

**cláusula penal 1.** *Civ.* Estipulación de tipo contractual por la que se impone al deudor una prestación especial en el caso de incumplimiento de la obligación o de que se cumpla de modo inadecuado. || **2.** *Merc.* Estipulación contractual que faculta para solicitar de incumplir o bien el cumplimiento del contrato, o bien la pena acordada.

**clonación** **1.** *Gral.* Técnica que tiene como finalidad generar copias idénticas de ADN. || **2.** *Pen.* Delito que se comete cuando la clonación se aplica a seres humanos idénticos o se dirige a la selección de la raza.

**coacción** **1.** *Pen.* Delito consistente en el empleo de violencia de carácter físico, intimidatoria o sobre las cosas para impedir al sujeto pasivo hacer lo que la ley no prohíbe o para obligarle a hacer lo que no quiere, sea justo o injusto. || **2.** *Mil.* Delito de quien, con el propósito de favorecer al enemigo, intimida o emplea violencia sobre el que ostenta el mando de una fuerza. || **3.** *Int. púb.* Vicio del consentimiento de un sujeto de derecho internacional, derivado del empleo de medios coactivos contra él mismo o contra sus representantes con ocasión de la celebración de un tratado, deviniendo este nulo. || **4.** *Can.* Acción realizada contra la voluntad del sujeto que la padece.

**coadyuvante** **1.** *Adm.* y *Proc.* Persona que interviene en el proceso en una posición subordinada a la de las partes principales, adhiriéndose a sus pretensiones, pero sin poder actuar con autonomía respecto de ellas. || **2.** *Adm.* y *Proc.* Persona que actúa en el proceso de un modo adhesivo para defender la legalidad de un acto administrativo impugnado ante la jurisdicción contencioso-administrativa. || **3.** *Amb.* Sustancia útil en la elaboración de biocidas por su capacidad de modificar adecuadamente las propiedades físicas y químicas de los ingredientes activos, tal como un tensoactivo, un fluidificante, un estabilizante, etc.

**coautor, ra de un delito** *Pen.* Persona que realiza de forma conjunta y de mutuo acuerdo con otra u otras un hecho delictivo.

**codicilo** *Civ.* Disposición de última voluntad que puede otorgarse en ausencia de testamento o para complementar uno ya otorgado.

**cognación** *Civ.* e *Hist.* Vínculo familiar que une a los descendientes de sangre basado en los lazos de sangre por línea masculina y femenina.

**cohecho** **1.** *Pen.* Delito que comete el funcionario público que en provecho propio solicita, por sí o por persona interpuesta, o acepta dádiva, favor o retribución de cualquier clase. || **2.** *Pen.* Delito que comete quien acepta ofrecimiento o promesa para realizar un acto propio de su cargo o quien acepta ventajas económicas ofrecidas en consideración a su cargo o función.

**colación** *Civ.* Obligación del heredero forzoso que lo sea con otros de llevar a la masa hereditaria los bienes que hubiera recibido del causante de la herencia por donación, dote o cualquier otro título lucrativo en vida de aquel, a efectos de computar como participación hereditaria lo recibido en vida del causante.

**colindante** *Civ.* Dicho de una heredad o de una finca: Que linda con otra y que, por razón de esa circunstancia, tiene reconocidos algunos derechos legales en relación con la adquisición de la finca vecina en caso de venta.

**comercio electrónico** *Adm.* y *Merc.* Regulación de todos los requisitos concernientes al establecimiento de prestadores de servicios, contrato por vía electrónica, responsabilidad de los intermediarios, código de conducta, soluciones de los litigios y cooperación entre Estados miembros de la Unión Europea.

**comercio minorista** *Adm.* y *Merc.* Actividad comercial consistente en la venta al por menor o detallista de artículos a sus destinatarios finales, utilizando o no un establecimiento.

**comicios** *Gral.* Elecciones para designar cargos políticos.

**Comisión Europea** *Eur.* Órgano ejecutivo de la Unión, encargado de velar por la aplicación del derecho comunitario, formular recomendaciones y adoptar decisiones en las condiciones previstas en los tratados.

**comisión por omisión** *Pen.* **omisión impropia**.

**comisión rogatoria** *Pen.* y *Proc.* Comunicación dirigida a un juzgado o tribunal extranjero en solicitud de auxilio judicial.

**comiso 1.** *Pen.* Pena accesoria al delito de contrabando y que supone la privación a su poseedor de las mercancías objeto del contrabando, de la maquinaria empleada en la fabricación de géneros prohibidos, de los medios de transportes con los que se realice el delito y de las ganancias obtenidas del contrabando. || **2.** *Pen.*; *Chile* Pena de carácter pecuniario que consiste en la pérdida de los efectos provenientes del delito y de los instrumentos con que se ejecutó, a menos que pertenezcan a un tercero no responsable. || **3.** *Adm.* Sanción accesoria consistente en la privación definitiva de un bien o derecho padecida por su titular y derivada de su vinculación con una infracción administrativa, ya sean los bienes, medios o instrumentos con que se haya preparado o ejecutado la infracción, ya sea el comiso de los efectos y de las ganancias o beneficios provenientes del ilícito.

**comitente** *Civ.* y *Merc.* En un contrato de comisión, parte que encarga la gestión de sus propios intereses a otra persona a cambio de abonarle una retribución, que habitualmente consiste en un porcentaje del valor de la operación realizada.

***common law*** *Gral.* Derecho común inglés fundado sobre las costumbres consolidadas como normas en la jurisprudencia.

**comodato** *Civ.* Contrato por el cual una de las partes entrega gratuitamente a otra una cosa no fungible para que use de ella por cierto tiempo y se la restituya.

**comparecencia 1.** *Gral.* Acto de presentarse personalmente ante un órgano público. || **2.** *Adm.* y *Proc.* Acto procesal por el que una persona comparece ante un órgano judicial, normalmente representado por procurador, atendiendo el emplazamiento formulado por dicho órgano. || **3.** *Adm.* y *Proc.* En las escrituras notariales, encabezamiento en que constan las personas que comparecen y el concepto en que intervienen, debidamente identificados por el notario.

**compeler** *Gral.* Obligar a alguien a hacer algo.

**compensación 1.** *Civ.* Forma de extinción de una obligación cuando las dos partes lo son a su vez de otra obligación, de modo que se produce una situación concurrente en la que las mismas son recíprocamente acreedoras y deudoras. || **2.** *Gral.* Intercambio de cheques, letras, valores, instrumentos de pago, transferencias u órdenes de pago, entre entidades de crédito, con liquidación inmediata o periódica de los créditos y débitos recíprocos. || **3.** *Amb.* Adquisición de una determinada cantidad de $CO_2$ equivalente que procede de las absorciones de $CO_2$ generadas en los proyectos de reducción de emisiones de gases de efecto invernadero. || **4.** *Adm.* Procedimiento consistente en que los propietarios agrupados proponen a la Administración los proyectos técnicos y jurídicos necesarios para urbanizar los terrenos, gestionar la ejecución de las obras y recaudar las cuotas de urbanización para atender los gastos.

**compensación de culpa** *Adm.* Evaluación de la actuación de la víctima, en la que se determina su posible concurrencia en la producción del daño, a efectos de minorar la responsabilidad de la Administración pública a la que se imputa el daño y reducir la indemnización debida en consecuencia.

***compensatio lucri cum damno*** *Gral.* 'El daño se compensa con el lucro'.

**competencia 1.** *Gral.* Atribución, potestad, facultad de actuación. || **2.** *Gral.* Cualidad que legitima a un juzgado o tribunal para conocer de un determinado asunto, con exclusión de todos los demás órganos del mismo orden jurisdiccional. || **3.** *Adm.; Esp.* Cada una de las funciones que el Estado y las comunidades autónomas pueden desarrollar y que les atribuyen, respectivamente, la Constitución y el estatuto de autonomía de cada comunidad. || **4.** *Int. púb.* Conjunto de poderes reconocidos o conferidos a un sujeto de derecho internacional con el fin de que desempeñe determinadas funciones, lo que para un Estado significa ejercer la autoridad de forma plena, exclusiva y autónoma sobre su territorio y población dentro de los límites fijados por el derecho internacional.

**competencia funcional** *Proc.* Competencia que permite determinar el juez o el tribunal que conocerá de los incidentes que se susciten en el proceso, de los recursos que se interpongan contra las sentencias y de la eventual ejecución de esas sentencias.

**competencia objetiva** *Proc.* Determinación del juez o tribunal que es competente entre los varios que existen, atendiendo al objeto del proceso.

**competencia territorial** *Adm.* Delimitación de la competencia que refiere su validez y eficacia al territorio propio de las administraciones llamadas territoriales, es decir, del Estado entero, como de una comunidad autónoma, provincia, comarca, municipio o isla.

**compraventa** *Gral.* Contrato por el cual uno de los contratantes se obliga a entregar una cosa determinada, y el otro, a pagar por ella un precio cierto en dinero o signo que lo represente.

**compulsión sobre las personas** *Gral.* Apremio físico sobre una persona para forzarla a realizar una obligación de carácter personalísimo, como la comparecencia en determinado lugar.

**cómputo de plazos** *Gral.* Conjunto de criterios que deben seguirse para determinar, a efectos judiciales o administrativos, el transcurso de los plazos establecidos legalmente, teniendo o no en cuenta los días inhábiles y fijando la fecha de comienzo y de finalización.

**comunero, ra 1.** *Civ.* Persona que posee en común con otra u otras una cosa mueble o inmueble. ‖ **2.** *Adm.* Miembro o partícipe de las comunidades de usuarios, cuya participación en las votaciones depende del caudal de su aprovechamiento. ‖ **3.** *Adm.* Dicho de un pueblo: Que tiene con otro u otras comunidades de pastos u otros bienes. ‖ **4.** *Gral.*; *Ec.* Miembro de una comuna indígena. ‖ **5.** *Civ.*; *Ec.* Persona titular de derechos agrarios que los posee en común con otros copropietarios. ‖ **6.** *Hist.* Persona que participó en la guerra de las Comunidades de Castilla. ‖ **7.** *Hist.* Rebelde que se opuso a las reformas borbónicas en la antigua Nueva Granada en 1781.

**comunicación previa** *Adm.* Documento por el que un interesado pone en conocimiento de la Administración pública competente sus datos identificativos y demás requisitos exigibles para el ejercicio de un derecho o el inicio de una actividad.

**comunidad de bienes** *Civ.* Agrupación de una pluralidad de propietarios que son titulares del dominio de una determinada cosa.

**concejal, la 1.** *Adm.* y *Const.* Miembro de una corporación municipal elegido por sufragio universal, libre, directo y secreto. || **2.** *Adm.* y *Const.* Cargo municipal que cumple cometidos específicos por delegación especial del alcalde.

**concejo 1.** *Gral.* Reunión de personas para acordar algo relacionado con un fin común. || **2.** *Adm.* Casa consistorial, edificio en el que se aloja un ayuntamiento. || **3.** *Adm.; Esp.* En Asturias y en las montañas leonesas, territorio que comprende varias feligresías o parroquias dispersas, cuya capital o cabeza es la villa de mayor población. || **4.** *Adm.; Esp.* En Navarra, entidad local enclavada en el término de un municipio, con población y ámbito territorial inferiores al de este, con bienes propios y con personalidad jurídica para la gestión de las competencias que le atribuye la ley. || **5.** *Adm.*; *Arg.*, *Bol.*, *C. Rica* y *Guat.* Cuerpo deliberativo que compone el gobierno municipal de un cantón o provincia y que integran, elegidos por elección popular, los regidores, el alcalde y su suplente. || **6.** *Hist.* Ayuntamiento, órgano colegiado de gobierno de la Administración local.

**concesión** *Adm.* Acto administrativo que implica el otorgamiento del derecho de explotación o gestión, por un período determinado, de bienes y servicios por parte de una Administración pública o empresa a otra, generalmente privada.

**concierto 1.** *Adm.* Modalidad del contrato de gestión de servicios públicos por el que la Administración contrata la gestión del servicio con persona natural o jurídica que venga realizando prestaciones análogas a las que constituyen el servicio público de que se trate. || **2.** *Hist.* y *Lab.*; *Bol.* y *Ec.* Trabajador agrícola sometido al convenio del concertaje.

**conciliación 1.** *Proc.* Resolución de conflictos mediante transacción. || **2.** *Lab.* Acto realizado ante un tercero que exhorta a las partes en conflicto a que consigan de común acuerdo poner fin a una divergencia laboral. || **3.** *Int. púb.* Procedimiento no jurisdiccional de arreglo de controversias internacionales en el que una comisión examina las cuestiones de hecho y de derecho y elabora un informe que no es vinculante para las partes. || **4.** *Can.* Institución prevista por el derecho canónico como un modo de evitar conflictos. || **5.** *Proc.*; *Ec.* Mecanismo alternativo para la solución de conflictos en el ámbito penal.

**concurso 1.** *Adm.* En el empleo público, procedimiento de selección para el ingreso o para la provisión de un puesto de trabajo mediante la valoración de los méritos aportados por los candidatos. || **2.** *Merc.* Proceso judicial iniciado a solicitud del deudor o de sus acreedores. || **3.** *Merc.*; *Méx.* Procedimiento para garantizar una adecuada protección a los acreedores frente al detrimento del patrimonio de las empresas insolventes.

**concurso de normas** *Pen.* Situación que se produce cuando un solo hecho podría ser calificado con arreglo a dos o más normas penales, pero solo una de ellas debe ser aplicada para no vulnerar el principio *ne bis in idem*.

**concurso ideal de delitos** *Pen.* Situación que se produce cuando un solo hecho realizado por un mismo sujeto constituye dos o más delitos.

**concurso medial de delitos** *Pen.* Situación que se produce cuando un delito es un medio necesario para cometer otro por un mismo sujeto.

**concurso-oposición** *Adm.* Procedimiento selectivo para el ingreso en el empleo público que integra sucesivamente una fase de oposición y otra de concurso de méritos.

**condena condicional** *Pen.* Condena a una pena privativa de libertad cuya ejecución ha sido suspendida.

**condena de no hacer** *Civ.* y *Proc.* Ejecución no dineraria en la que el condenado a no hacer alguna cosa quebranta la sentencia y hace lo que estaba obligado a no hacer.

**condenado, da** *Civ.* y *Pen.* Persona a la que se le impone una condena por sentencia firme.

**condición resolutoria** *Civ.* Suceso futuro e incierto cuyo acaecimiento implica la extinción de la obligación o, en el caso de la sucesión, hace cesar los efectos de la institución de heredero.

**condición suspensiva** *Civ.* Suceso futuro e incierto cuyo acaecimiento determina el nacimiento de la obligación o, en el caso de la sucesión *mortis causa*, hace eficaz la institución de heredero o el legado.

**condominio 1.** *Int. púb.* Modificación en el ejercicio de la competencia territorial del Estado, inhabitual en la práctica contemporánea y establecida normalmente mediante tratado, por la que dos o más Estados ejercen en común su soberanía y comparten la administración sobre un mismo territorio. || **2.** *Civ.*; *Chile* y *Par.* Construcciones o terrenos acogidos al régimen de copropiedad inmobiliaria regulado por la ley. || **3.** *Civ.* Titularidad dominical que dos o más personas ostentan conjuntamente sobre una cosa. || **4.** *Civ.*; *Chile* Especie de cuasicontrato que supone la comunidad de una cosa universal o singular, entre dos o más personas, sin que ninguna de ellas haya contratado sociedad o celebrado otra convención relativa a la misma cosa. || **5.** *Civ.*; *Chile* Dominio común de los bienes en el régimen de matrimonio de sociedad conyugal. || **6.** *Civ.*; *Chile* Comunidad de bienes entre los herederos del causante. || **7.** *Civ.*; *Cuba, EE. UU., El Salv., Méx., P. Rico, R. Dom.* y *Ur.* Inmueble, principalmente un edificio, poseído en régimen de propiedad horizontal. || **8.** *Can.* Régimen patrimonial de las asociaciones privadas de fieles no constituidas en personas jurídicas.

**condómino, na** *Civ.* **comunero** (→ 1).

**condonación 1.** *Civ.* Liberación de la deuda, otorgada gratuitamente por el acreedor a favor del deudor. || **2.** *Fin.* Modo de extinción de la obligación tributaria que debe producirse, en todo caso, por ley y siempre que sea compatible con los principios constitucionales de justicia material tributaria.

**conducción temeraria** *Pen.* Delito contra la seguridad vial que comete quien conduce un vehículo de motor o un ciclomotor con temeridad manifiesta, poniendo en concreto peligro la vida o la integridad de las personas.

**conductor, ra** *Adm.* Persona que maneja el mecanismo de dirección o va al mando de un vehículo, está a cargo de los mandos adicionales de los vehículos destinados al aprendizaje de la conducción o es el responsable de uno o varios animales.

**condueño, ña** *Civ.* **comunero** (→ 1).

**Conferencia de Presidentes de Grupos del Parlamento Europeo** *Eur.* Órgano de dirección política del Parlamento Europeo, formado por el presidente del Parlamento y los presidentes de los grupos políticos, encargado por el Reglamento del Parlamento Europeo de fijar la programación legislativa (el calendario y orden del día de las sesiones), determinar las competencias y composición de las comisiones y delegaciones del Parlamento Europeo y mantener las relaciones entre el Parlamento Europeo y el resto de instituciones, parlamentos nacionales y terceros países.

**confesión 1.** *Proc.; Esp.* En la antigua Ley de Enjuiciamiento Civil, declaración prestada por una parte a instancia de la contraria, que, a este efecto, presentaba un pliego de preguntas, denominado posiciones, que deberían ser absueltas por el confesante, pudiendo realizarse bajo juramento decisorio o indecisorio. || **2.** *Proc.* Reconocimiento por el imputado de su participación en el hecho punible. || **3.** *Pen.* Acción de confesar el sujeto activo a la autoridad la comisión de un delito. || **4.** *Pen.* Objeto del delito de tortura.

**confianza legítima** *Adm.* Principio que protege la seguridad jurídica de quienes se relacionan con la Administración y que considera ilegítimos los cambios arbitrarios e injustificados de criterios por parte de esta.

**confidencialidad 1.** *Adm.* En el ámbito de la contratación pública, condición que ostenta tanto la información a la que accede el empresario con ocasión de la ejecución del contrato —si se le dio tal carácter en los pliegos o en el contrato— como la información facilitada por el empresario al momento de presentar su oferta en el procedimiento de adjudicación —p. ej., la relativa a secretos técnicos o comerciales— si, de igual modo, la designó con tal carácter. || **2.** *Proc.*; *Ec.* Principio que impide la divulgación de cualquier dato que posibilite la identificación de niños o adolescentes que participen en procesos penales.

**confiscación 1.** *Gral.* Acto de incautar o privar de posesiones o bienes para su incorporación al erario público sin compensación. || **2.** *Pen.*; *Arg.*, *Bol.* y *Pan.* Pena de carácter patrimonial que consiste en la expropiación a favor del Estado de las cosas que sirvieron para cometer un delito, como las herramientas de un hurto con penetración o el producto o la ganancia de este. || **3.** *Pen.*; *Cuba* Pena consistente en desposeer total o parcialmente al sancionado de sus bienes, transfiriéndolos a favor del Estado.

**conflicto colectivo 1.** *Lab.* Conflicto que afecta a la totalidad de los trabajadores de una empresa o a los integrantes de una determinada categoría profesional, o que forman un determinado grupo, cuando la cuestión suscitada afecta a los intereses generales de los trabajadores. || **2.** *Lab.* Procedimiento que atiende a solucionar la situación de conflicto colectivo y se materializa en un expediente del que conoce la autoridad que corresponda, según los centros de trabajo a que pertenezcan los trabajadores.

**conflicto de competencias entre Estado y comunidades autónomas** *Adm.* y *Const.; Esp.* Controversia que opone al Estado con una comunidad autónoma o a estas entre sí, cuando alguna de estas instituciones u órganos estima que se ha vulnerado el orden de competencias establecido.

**conflicto en defensa de la autonomía local** *Adm.* y *Const.* Controversia suscitada cuando las normas del Estado con rango de ley o las disposiciones con rango de ley de las comunidades autónomas lesionan la autonomía local.

**conflicto jurisdiccional 1.** *Adm.* y *Proc.* Conflicto que se suscita entre los juzgados y tribunales y la Administración. || **2.** *Adm.* y *Proc.* Sistema de resolución de conflictos entre la Administración y la justicia, según el cual el planteamiento de las controversias solo es posible hacerlo ante determinados órganos concretos de la Administración general, autonómica, militar y local o ante los órganos jurisdiccionales con las salvedades que se indican en la propia ley. || **3.** *Int. priv.* Conflicto que se produce cuando dos o más jueces o tribunales de Estados diversos consideran que tienen jurisdicción para dirimir un mismo asunto. || **4.** *Int. priv.* Controversia sobre la titularidad de una competencia judicial internacional

**conformidad 1.** *Gral.* Aceptación. || **2.** *Pen.* Declaración de voluntad del acusado por la que se muestra de acuerdo con lo expuesto en el escrito de acusación y con la pena solicitada.

**confusión de los derechos de acreedor y deudor** *Civ.* Forma de extinguirse las obligaciones por reunirse en una misma persona la condición de deudor y acreedor de una misma prestación.

**congruencia 1.** *Proc.* Argumentación o fundamentación en que se basa la parte dispositiva de una sentencia, que se ajusta a las pretensiones sostenidas por las partes y que responde a la fundamentación establecida en los escritos procesales de las mismas. || **2.** *Adm.* Adecuación de las resoluciones administrativas a las peticiones de los ciudadanos.

**conmixtión** *Civ.* Accesión de bienes muebles originada al unirse dos cosas del mismo género que pertenecen a distintos propietarios, de modo que no es posible distinguir entre ellas ni son susceptibles de separación.

**conmutación 1.** *Civ.* Deber que el testador o el contador-partidor expresamente autorizado por aquel puede imponer al hijo o descendiente a quien se haya adjudicado la totalidad de los bienes hereditarios o parte de ellos de pagar la porción hereditaria de los demás legitimarios en metálico. || **2.** *Can.* y *Pen.* Decisión de la autoridad competente por la que se sustituyen determinadas penas u obligaciones por otras menos graves, o se indulta parcialmente al reo de modo que la naturaleza del castigo queda alterada en su beneficio.

**conocer** *Gral.* Ocuparse de un asunto.

**consanguinidad** *Gral.* Vínculo de parentesco que existe entre personas que descienden unas de otras o de un tronco común.

**consecuencia accesoria** *Pen.* Consecuencia jurídica imponible por la comisión de un hecho delictivo y que puede consistir en el decomiso, en diversas privaciones de derechos a grupos o entidades sin personalidad jurídica y en la toma de muestras biológicas para obtención de identificadores de ADN

**consejero delegado, consejera delegada** *Merc.* Consejero con funciones de gestión y representación delegadas por acuerdo del consejo de administración.

**consejero ejecutivo, consejera ejecutiva** *Merc.* **consejero delegado**.

**Consejo de la Unión Europea** **1.** *Eur.* Institución que, formada por un representante de rango ministerial de cada Estado miembro, ejerce poderes de definición de políticas y de coordinación en la Unión y, además, comparte en paridad con el Parlamento Europeo poderes de decisión legislativa y presupuestaria. || **2.** *Eur.* Institución que encarna la defensa de intereses nacionales y representa el principio de la legitimidad intergubernamental o representatividad territorial.

**Consejo de Ministros** **1.** *Adm.* y *Const.*; *Esp.* Órgano colegiado superior de gobierno, contemplado en el artículo 97 de la Constitución, que está integrado por el presidente del Gobierno, los vicepresidentes, en su caso, y los ministros y al que le corresponde la superior dirección política y administrativa del Estado. || **2.** *Adm.*; *Nic.* Órgano colegiado que organiza políticamente el Gobierno y que, dirigido por el presidente, ejerce funciones ejecutivas y administrativas.

**Consejo Insular** *Adm.*; *Esp.* Órgano de gobierno, administración y representación de las islas de la comunidad autónoma balear.

**consentimiento** **1.** *Gral.* Acción y efecto de consentir. || **2.** *Gral.* Manifestación de voluntad, expresa o tácita, por la que un sujeto se vincula jurídicamente. || **3.** *Civ.* Requisito básico para el perfeccionamiento del contrato que consiste en la manifestación de voluntad de celebrarlo y de conformidad con su objeto y causa. || **4.** *Int. púb.* Expresión de la voluntad de un sujeto de derecho internacional en asumir una obligación o en eximir de su cumplimiento. || **5.** *Pen.* Eximente que se produce cuando el sujeto pasivo del delito o titular de un bien jurídico disponible, o a veces simplemente el sujeto pasivo de la acción, acepta o consiente con una serie de requisitos en que el autor lesione ese bien jurídico.

**conservación de actos** *Adm.* Regla que ordena la conservación de las actuaciones administrativas sometidas a impugnación o revisión cuando no están afectadas por la nulidad del acto o el trámite que se impugna o revisa.

**consignación judicial** *Gral.* Puesta a disposición del juzgado o tribunal por parte del deudor de la cantidad dineraria por la que se ha despachado ejecución con la finalidad de evitar el embargo.

**consolidación** *Civ.* Extinción de los derechos reales limitativos del dominio cuando la titularidad de aquellos coincide en la misma persona titular del dominio

**consorcio** **1.** *Adm.* Entidad de derecho público, con personalidad jurídica propia y diferenciada, creada por varias Administraciones públicas o entidades integrantes del sector público institucional, entre sí o con participación de entidades privadas, para el desarrollo de actividades de interés común a todas ellas dentro del ámbito de sus competencias. || **2.** *Adm.* Forma jurídica de agrupación de entidades locales para que pueda tener lugar de forma conjunta el abastecimiento a varias poblaciones. || **3.** *Adm.* Forma organizativa para la gestión de las aguas, con destino, usualmente, al abastecimiento de poblaciones o a usos industriales y en la que pueden participar también entidades privadas. || **4.** *Civ.*; *Arg.* y *Ur.* En el régimen de la propiedad horizontal, persona jurídica constituida por el conjunto de los propietarios de las unidades funcionales, cuyos órganos son la asamblea, el consejo de propietarios y el administrador.

**constitución 1.** *Const.* Ley suprema de un Estado, que regula la organización de los poderes públicos y establece las garantías de los derechos, ostenta una posición de jerarquía sobre todas las demás normas que integran el ordenamiento jurídico y solo puede ser reformada siguiendo los procedimientos en ella establecidos. || **2.** *Const.* En sentido material, conjunto de normas que regulan la organización y la actividad del Estado. || **3.** *Int. púb.* Denominación oficial de algunos tratados internacionales constitutivos de organizaciones internacionales.

**cónsul 1.** *Int. púb.* Agente que un país nombra y desplaza de modo estable a algunas ciudades extranjeras con el fin de proteger los intereses del Estado y los de sus nacionales. ● *Referido a una mujer, se usa también la forma* ***consulesa****.* || **2.** *Hist.* Cada uno de los dos magistrados que durante un año tenían en la república romana la suprema autoridad.

**consulta popular 1.** *Const.* **referéndum**. || **2.** *Adm.*; *Cuba* Consulta electoral, convocada por la Asamblea Nacional del Poder Popular o las asambleas municipales del Poder Popular, por la que los electores emiten su opinión sobre un asunto determinado de interés nacional o local sin que ello tenga efecto vinculante.

**contador partidor, contadora partidora** *Civ.* Persona que realiza la partición hereditaria.

**contaminación 1.** *Adm.* y *Amb.* Introducción directa o indirecta, mediante la actividad humana, de sustancias, vibraciones, calor o ruido en la atmósfera, el agua o el suelo que pueden tener efectos perjudiciales para la salud humana o la calidad del medioambiente o que pueden causar daño a los bienes materiales o deteriorar o perjudicar el disfrute u otras utilizaciones legítimas del medioambiente. || **2.** *Pen.*; *Ec.* Delito que puede afectar a los productos de consumo humano, al agua, al suelo o al aire.

**contestación a la demanda 1.** *Proc.* Actuación procesal de la parte demandada mediante la cual responde a las pretensiones deducidas por el demandante en su escrito de demanda. || **2.** *Adm.* y *Proc.* En referencia al recurso contencioso-administrativo, escrito del demandado para rebatir la pretensión de la demanda de acuerdo con hechos y fundamentos de derecho.

**continencia de la causa** *Proc.* Principio procesal que obliga a plantear y resolver en un mismo proceso las pretensiones principales deducidas en el mismo, por las mismas partes litigantes y por el juez que está conociendo de la causa.

**contrabando** *Pen.* Delito o infracción tributaria, según sus características y gravedad, que se produce por la importación o exportación de mercancías sin presentarlas a su despacho en la aduana, o por comerciar, producir, poseer o poner en circulación géneros estancados, prohibidos o protegidos sin cumplir los requisitos legalmente establecidos.

**contratista 1.** *Adm.* Empresario calificado para contratar con la Administración pública o entidades del sector público por reunir las condiciones que impone la legislación específica sobre contratos del sector público, entre ellas la capacidad de obrar, no estar incurso en prohibiciones de contratar y la acreditación de la solvencia económica, financiera, técnica o profesional. || **2.** *Gral.* Persona que por contrata, a cambio de un precio, se compromete a realizar una obra o prestar un servicio. || **3.** *Lab.*; *Bol.* y *Ec.* Persona que conchaba o engancha trabajadores. || **4.** *Lab.*; *Ec.* Persona que encarga la ejecución de una obra a un artesano. || **5.** *Lab.*; *Arg.* y *Chile* Persona que encarga la ejecución de una obra en virtud de un contrato de trabajo a un trabajador, quien, en razón de un acuerdo contractual, ejecuta obras o servicios por cuenta y riesgo propio.

**contrato 1.** *Gral.* Acto jurídico mediante el cual dos o más partes manifiestan su consentimiento para crear, regular, modificar, transferir o extinguir relaciones jurídicas patrimoniales. || **2.** *Gral.* Documento que recoge las condiciones de este pacto o convenio.

**contrato bilateral** *Civ.* y *Merc.* Acuerdo que genera obligaciones recíprocas para las partes.

**contrato de hipoteca mobiliaria** *Civ.* y *Merc.* Negocio jurídico bilateral por el que el propietario de una cosa mueble se obliga, por un lado, a constituir un gravamen de esta naturaleza en garantía de un crédito, debiendo conservar la cosa sin enajenarla a terceros hasta el vencimiento de la deuda; y el acreedor garantizado asume, por otro, la obligación de abonar una contraprestación con la constitución de la garantía, que puede ser tanto la propia concesión del crédito que asegura como una mejora de sus condiciones cuando el gravamen se establezca para asegurar una deuda anterior.

**contrato de tracto sucesivo** *Civ.* y *Merc.* Contrato en el que la ejecución de la prestación tiene lugar de forma repetida y prolongada en el tiempo, como en las ventas a plazos o los arrendamientos.

**contrato formativo** *Lab.* Contrato de trabajo que tiene por objeto facilitar al trabajador una adecuada capacitación profesional mediante la adquisición de los conocimientos prácticos o teórico-prácticos necesarios para el desempeño de su profesión.

**contrato social** **1.** *Gral.* Acuerdo realizado en el interior de un grupo por sus miembros. || **2.** *T. der.* Contrato originario en que se funda una determinada forma de convivencia política, según la teoría política que trata de explicar, entre otras cuestiones, el origen y el propósito del Estado y su encaje con las libertades, derechos y deberes de los ciudadanos.

**contribución especial** *Fin.* Modalidad de tributo estatal, autonómico y, sobre todo local, cuyo hecho imponible es el beneficio o aumento de valor que obtiene el contribuyente en sus bienes como consecuencia del establecimiento o ampliación de servicios públicos o la realización de obras públicas y cuya recaudación está afectada a la financiación de tales servicios u obras.

**contribuyente** *Fin.* Sujeto pasivo que realiza el hecho imponible definido en la ley, poniendo así de manifiesto la capacidad económica sometida a gravamen.

**control aduanero** *Eur.* Conjunto de actos específicos efectuados por las autoridades aduaneras para garantizar el cumplimiento de la legislación aduanera y las demás disposiciones sobre entrada, salida, tránsito, circulación, depósito y destino final de las mercancías que circulen entre el territorio aduanero de la Unión y otros países o territorios situados fuera de aquel, así como sobre la presencia y la circulación en el territorio aduanero de la Unión de mercancías no pertenecientes a la Unión y de mercancías incluidas en el régimen de destino final.

**convalidación** *Gral.* Regularización de un acto o de una relación jurídica anulables.

**convenio administrativo** *Adm.* Acuerdo con efectos jurídicos adoptado por las Administraciones públicas, los organismos públicos y entidades de derecho público vinculados o dependientes o las universidades públicas entre sí o con sujetos de derecho privado para un fin común.

**convenio arbitral** *Civ.* y *Merc.* Acuerdo en virtud del cual las partes de una relación jurídica determinada, contractual o no contractual, manifiestan la voluntad de someter las cuestiones litigiosas que hayan surgido o puedan surgir de aquella relación a la decisión de uno o más árbitros con el propósito de resolver la controversia jurídica existente entre ellas.

**conviviente 1.** *Gral.* Persona que convive con otra. || **2.** *Civ.*; *Arg.* y *Ec.* Persona que lleva adelante una relación afectiva singular, publica, notoria, estable y permanente con otra, con quien convive y comparte un proyecto de vida en común.

**convocatoria 1.** *Gral.* Anuncio o comunicación relativa a la inmediata reunión de un órgano colegiado, dirigida a sus miembros y con indicación del orden del día. || **2.** *Gral.* Anuncio público de un acto para que las personas interesadas puedan participar en el mismo.

**cónyuge** *Civ.* Una de las partes del matrimonio.

**cooperador necesario del delito, cooperadora necesaria del delito** *Pen.* Persona que contribuye a la ejecución de un hecho delictivo de otra con un acto anterior o simultáneo, sin el cual dicho delito no se habría efectuado.

**cooperativa** *Merc.* Sociedad de carácter mutualista que tiene por objeto prioritario la promoción de actividades económicas y sociales de sus miembros y la satisfacción de sus necesidades con la participación activa de los mismos, observando los principios cooperativos y atendiendo a la comunidad de su entorno.

**copia simple** *Civ.* Copia de un documento notarial sin la firma del notario, de carácter informativo y sin efecto de copia autorizada.

***copyright*** *Merc.* Derechos de autor.

**corporación** *Gral.* Entidad de base personal asociativa creada para el cumplimiento de una finalidad de interés común para sus asociados.

**corpus** *Gral.* Conjunto de datos o textos de un mismo tipo que sirve de base a una investigación.

***corpus delicti*** *Pen.* Cuerpo del delito.

**corroborar** *Gral.* Dar mayor fuerza a un dato o a un argumento con otros datos.

**corrupción de menores y discapacitados** *Pen.* Delito que consiste en la utilización de menores de edad o de personas discapacitadas necesitadas de especial protección en espectáculos o material pornográficos.

**corrupción pública** *Pen.* Soborno de autoridad o aceptación por parte de un funcionario público de dádivas o regalos de un tercero a cambio de proporcionarle un beneficio o ventaja en el ámbito de las funciones que el sujeto activo desarrolla en la Administración pública.

**cosa juzgada** *Pen.* y *Proc.* Institución procesal mediante la cual se otorga a las decisiones plasmadas en una resolución judicial el carácter de inmutables, vinculantes y definitivas en cuanto proyección del principio de seguridad jurídica.

**costas 1.** *Gral.* Gastos realizados con ocasión del juicio y, en sentido amplio, también los honorarios del abogado y procurador y la retribución de otras actuaciones, como copias, traducciones y otros actos y documentos. || **2.** *Proc.*; *Ec.* Gastos judiciales que es condenado a pagar quien litigue de forma abusiva, maliciosa, temeraria o con deslealtad.

**costas procesales** *Proc.* Parte de los gastos procesales que tiene origen en el proceso y cuyo pago recae en las partes de acuerdo con lo que determinen las leyes procesales.

**costumbre 1.** *Gral.* Norma, habitualmente no expresada por escrito, que resulta de prácticas reiteradas y generalmente asumidas por la mayoría de los que están en un lugar o participan en una determinada situación. || **2.** *Adm.* Hábito o modo habitual de obrar o proceder en la caza y entre cazadores, establecido por tradición o por la repetición de los mismos actos y que puede llegar a adquirir fuerza de precepto legal recogido en las leyes del sector.

**coto de caza** *Amb.* Superficie continua de terrenos que, declarada como coto por la Administración competente, tiene el acceso limitado y en la que la intensidad de la práctica de la caza, el volumen de capturas y el número de cazadores están regulados para un aprovechamiento ordenado y sostenible de los recursos cinegéticos.

**coto de pesca** *Amb.* Masa de agua que, declarada como coto por la Administración competente, tiene el acceso limitado y en la que la intensidad de la práctica de la pesca, el volumen de capturas y el número de pescadores están regulados para un aprovechamiento ordenado y sostenible de los recursos piscícolas.

**crédito privilegiado 1.** *Civ.* y *Merc.* Crédito que goza de algún tipo de preferencia legal o para cuya satisfacción prioritaria se reservan ciertos bienes o derechos del deudor. || **2.** *Merc.* Crédito que se satisface en el concurso con prioridad sobre los acreedores ordinarios y subordinados. || **3.** *Lab.* Crédito por el salario correspondiente a los últimos treinta días de trabajo efectivo, siempre que en cuantía no sobrepase el doble del salario mínimo interprofesional, que goza de preferencia sobre cualquier otro crédito.

**crédito sindicado** *Merc.* Contrato de crédito de carácter mixto en el que la condición de prestamista es asumida por varias entidades de crédito que se organizan como sindicato de bancos o «banco agente».

**crimen de lesa humanidad** *Int. púb.* Crimen de especial gravedad, como el asesinato, el exterminio, la esclavitud, la deportación o el traslado forzoso de población, la privación grave de la libertad o la tortura, que se comete como parte de un ataque generalizado o sistemático contra una población civil y con conocimiento de dicho ataque.

**criterios de adjudicación** *Adm.* En los procedimientos de adjudicación de contratos públicos, parámetros de valoración de las ofertas efectuadas por los candidatos, que se refieren a características de la prestación objeto del contrato y en los que toma como base la mejor relación calidad-precio.

**cuaderno particional** *Civ.* Documento que refleja las operaciones de partición de una herencia.

**cuasicontrato** *Civ.* Acto lícito voluntario no contractual que produce obligaciones *ex lege*.

**cuenta de depósitos y consignaciones** *Proc.* Cuenta bancaria donde ha de efectuarse el ingreso de los depósitos, consignaciones judiciales en metálico, efectos o valores que se constituyen a disposición de los órganos de la Administración de Justicia en el marco de los procesos judiciales.

**cuenta de pérdidas y ganancias** *Fin.* Documento contable que recoge el resultado del ejercicio de una entidad mercantil separando los ingresos y los gastos imputables al mismo y distinguiendo los resultados de explotación de los que no lo sean.

**cuentas anuales** **1.** *Fin.* Cuentas que deben formular todas las entidades del sector público en el plazo máximo de tres meses desde el cierre del ejercicio económico y de acuerdo con los principios contables que les sean de aplicación y que han de poner a disposición de los auditores. || **2.** *Merc.* Cuentas de obligatoria formulación por el empresario al cierre de cada ejercicio y que deben incluir el balance, la cuenta de pérdidas y ganancias, un estado que refleje los cambios en el patrimonio neto del ejercicio, un estado de flujos de efectivo y la memoria.

**cuerpo electoral** *Gral.* Electorado.

**cuestión de competencia** *Gral.* Incidente procesal que se suscita cuando dos órganos del mismo orden jurisdiccional se consideran competentes o no competentes para conocer de un determinado procedimiento, por lo que la cuestión se resuelve por el órgano superior común.

**cuestión de confianza 1.** *Const.*; *Esp.* Iniciativa planteada por el presidente del Gobierno, previa deliberación del Consejo de Ministros, por la que se solicita al Congreso de los Diputados la reiteración de la confianza que le fue otorgada con ocasión de su investidura, bien sea en relación con su programa general de gobierno, bien con una cuestión de política general. || **2.** *Adm.* Planteamiento de un alcalde ante el pleno de una solicitud de que se le reitere la confianza en relación con la aprobación de presupuestos anuales, reglamentos orgánicos, ordenanzas fiscales o planeamiento general municipal.

**cuestión de inconstitucionalidad** *Const.* Mecanismo de control que utiliza un juez o tribunal cuando considera que una norma con rango de ley, de cuya validez depende el fallo, puede ser contraria a la Constitución.

**cuestión incidental 1.** *Proc.* Asunto que, siendo distinto del que constituye el objeto principal del pleito, guarda con este una relación inmediata, o aquel que se suscita en relación con los presupuestos o requisitos procesales de influencia en ese proceso. || **2.** *Adm.* Planteamiento por las partes de un proceso contencioso-administrativo de problemas de carácter jurídico no pertenecientes al orden administrativo y directamente relacionados con la resolución de un recurso contencioso-administrativo.

**cuestión nueva 1.** *Adm.* En referencia al recurso contencioso-administrativo, cuestión que, no planteada previamente en vía administrativa, pretende plantearse en vía judicial. || **2.** *Proc.* Introducción en el trámite de interposición del recurso de casación de elemento o cuestión de controversia que no fue planteado en el debate procesal en las instancias previas y cuya eventual admisión afectaría al derecho de defensa de la contraparte y los principios de preclusión, audiencia bilateral, igualdad de partes y congruencia.

**cuestión prejudicial 1.** *Proc.* Asunto que, con carácter previo, debe resolverse por una jurisdicción distinta o por la propia que está conociendo de un proceso. || **2.** *Eur.* Incidente procesal en el que un órgano jurisdiccional de un Estado miembro formula una pregunta al Tribunal de Justicia de la Unión Europea cuando lo estima necesario para resolver un asunto sustanciado en sede interna.

**cuestiones previas** *Proc.* Alegación o conjunto de alegaciones, con las correspondientes solicitudes de pronunciamiento, que se formulan al inicio del juicio oral y antes de proceder a las prácticas de las pruebas, concernientes a la competencia del órgano judicial, la vulneración de algún derecho fundamental, la existencia de artículos de previo pronunciamiento, la suspensión del juicio oral, la nulidad de actuaciones o la propuesta de pruebas que deban ser practicadas en el acto.

**culpa 1.** *Adm.* y *Pen.* Forma de culpabilidad que supone negligencia o imprudencia. || **2.** *Adm.* Falta de la diligencia exigible en el cumplimiento del deber jurídico o norma de cuidado que conduce a realizar la acción u omisión constitutiva de infracción administrativa.

***cum laude*** *Gral.* Máxima puntuación aplicable solo a los doctorandos que alcanzan la puntuación sobresaliente y la unanimidad mediante voto secreto individual del tribunal evaluador.

**cumplimiento del deber 1.** *Pen.* Causa de justificación que ampara al cargo público, al profesional o al ciudadano que, cumpliendo las obligaciones o deberes que le incumben conforme a las normas jurídicas, tiene que realizar una conducta en principio típica. || **2.** *Adm.* Causa de justificación que excluye la antijuridicidad de la conducta constitutiva de infracción administrativa.

**cumplimiento de obligaciones** *Civ.* Exacta y completa ejecución de las prestaciones debidas por parte del deudor, que produce la extinción del vínculo obligatorio y consiste en el pago de lo debido.

**cumplimiento simultáneo de penas** *Pen.* Regla principal para el cumplimiento de las penas en caso de concurso real de delitos que consiste en que las correspondientes penas se ejecuten al mismo tiempo si fuera posible por su naturaleza y efectos.

**cumplimiento sucesivo de penas** *Pen.* Regla subsidiaria para el cumplimiento de las penas en caso de concurso real de delitos que consiste en que las correspondientes penas se ejecuten siguiendo el orden de su respectiva gravedad cuando no puedan ejecutarse simultáneamente debido a su naturaleza y efectos.

**cuota de reserva de empleo público para personas con discapacidad** *Adm.* Cupo de vacantes que se debe reservar en las ofertas de empleo público para que sean cubiertas por las personas con discapacidad que superen los procesos selectivos y acrediten su discapacidad y la compatibilidad con el desempeño de las tareas.

**curatela** *Civ.* Medida de apoyo para el ejercicio de la capacidad jurídica, constituida mediante resolución motivada por la autoridad judicial cuando no exista otra medida de apoyo suficiente para la persona con discapacidad.

**currículo** *Adm.*; *Esp.* Conjunto de objetivos, competencias, contenidos, métodos pedagógicos y criterios de evaluación de cada una de las enseñanzas reguladas legalmente.

**custodia compartida** *Civ.* Organización del cuidado, guarda y visita de los hijos adoptada en interés de los menores en caso de ruptura de la convivencia entre los padres, que se constituye en garantía del derecho de los hijos de relacionarse con ambos progenitores cuando sea posible.

# *d*

**dación en pago** *Civ.* Acción voluntaria de un deudor a efectos del pago de una deuda que consiste en dar una prestación diversa a la debida al acreedor, que la recibe en sustitución de aquella.

**dádiva** *Pen.* Beneficio o ventaja de cualquier clase, sea patrimonial o no, que obtiene en el delito de cohecho la autoridad o un funcionario público en provecho propio o de un tercero.

**daño emergente 1.** *Gral.* Perjuicio ocasionado por la pérdida o deterioro de bienes o derechos que se encontraban incorporados al patrimonio de su titular. || **2.** *Civ.* Perjuicio o pérdida que proviene de no haberse cumplido la obligación, de haberse cumplido imperfectamente o de haberse retardado su cumplimiento.

**daño moral** *Gral.* Daño que, por contraposición al patrimonial, no reviste carácter material, sino que afecta a bienes o derechos intangibles y causa afección o perturbación en el ánimo o dignidad de la persona.

**daños y perjuicios 1.** *Gral.* Lesión económica causada por acciones u omisiones culposas negligentes o dolosas, generadoras de responsabilidad civil o penal. || **2.** *Gral.* Compensación que se exige como reparación a quien ha causado un daño. || **3.** *Contr. ext.* Menoscabo de los caudales o fondos públicos, ocasionado por acciones u omisiones constitutivas de responsabilidad contable, que ha de ser efectivo, evaluable económicamente e individualizado en relación con determinados caudales o efectos.

**dato especialmente protegido** *Adm.* Dato que, por afectar a la raza, salud, vida sexual, ideología, afiliación sindical, religión o creencias de una persona, requiere para su tratamiento de un consentimiento reforzado de su titular, o bien expreso, o bien expreso y por escrito.

***dealer*** *Merc.* Persona física o jurídica que actúa como intermediario en una operación por cuenta ajena a cambio de una comisión, pudiendo actuar también por cuenta propia, a diferencia del bróker.

**debate del estado de la nación** *Parl.*; *Esp.* Comunicación del Gobierno al Parlamento en la que se realiza una evaluación anual del cumplimiento de su programa sometiéndolo a debate.

**debate parlamentario** *Parl.* Serie de intervenciones o discursos de los parlamentarios en reuniones o sesiones de las cámaras legislativas y sus comisiones.

**deber** *Gral.* Aquello a lo que las personas están obligadas, bien por razones de orden moral, bien por determinación de las leyes, bien como resultado de las obligaciones contraídas o los contratos que han podido celebrar.

**deber de abstención** *Adm.* Obligación legal de una autoridad o un empleado público de apartarse de su intervención en un asunto cuando concurran circunstancias personales que pudieran afectar a su objetividad o imparcialidad.

**deber de declarar** *Proc.* Deber de todos los nacionales o extranjeros que residan en territorio de un Estado y no estén impedidos y que consiste en concurrir al llamamiento judicial para declarar cuanto sepan sobre lo que se les pregunte si para ello se les cita con las formalidades prescritas en la ley.

**deber de fidelidad a la Constitución** *Adm.* Deber de las autoridades y empleados públicos de cumplir y hacer cumplir la Constitución en el ejercicio de sus funciones.

**deber de imparcialidad** *Adm.* Obligación de los empleados públicos de ejercer sus funciones con objetividad y sin prevención a favor o en contra de alguien.

**deber de información** *Adm.* Obligación del responsable de un fichero o de su tratamiento de informar previamente al afectado de que sus datos van a ser tratados, de la identidad del responsable, finalidades y características de dicho tratamiento y de los derechos que puede ejercitar en relación con tal tratamiento.

**deber de obediencia** *Adm.* Obligación legal de los empleados públicos de cumplir las órdenes e instrucciones de sus superiores.

**deber de resolver conforme a derecho** *Const.* y *Proc.* Obligación del tribunal de dictar una resolución que evidencie de modo incuestionable que su razón de ser es una aplicación razonada de las normas que se consideran aplicables al caso y no fruto de la arbitrariedad.

**decano, na 1.** *Adm.* Órgano que ostenta la representación de la facultad y ejerce su dirección y gestión ordinaria, cuyo titular es elegido según indiquen los estatutos de la Universidad entre los profesores permanentes. || **2.** *Proc.* Órgano de gobierno de los jueces. || **3.** *Adm.* Órgano de gobierno de algunas corporaciones, como los colegios profesionales.

**declaración ambiental** *Amb.* Información completa que se ofrece al público sobre una organización en relación con su política, su sistema de gestión, sus impactos, su comportamiento y el cumplimiento de sus obligaciones relativas al medioambiente.

**declaración de concurso** *Merc.* y *Proc.* Auto judicial que se dicta en caso de insolvencia del deudor común, ya sea persona natural o jurídica, entre cuyos pronunciamientos figura el carácter necesario o voluntario del concurso, el llamamiento a los acreedores para que comuniquen sus créditos, el nombramiento de administradores concursales y las medidas cautelares que se estimen necesarias para salvaguardar la integridad del patrimonio del deudor.

**declaración de guerra** *Int. púb.* Manifestación de voluntad, hoy en desuso, conforme a la cual se establecía un estado de guerra entre dos o más Estados, fuera o no seguida de hostilidades, y que conllevaba automáticamente la ruptura de las relaciones diplomáticas entre los Estados concernidos.

**declaración de incapacidad** *Civ.* y *Proc.* Resolución judicial, adoptada mediante sentencia, por la que se limita la capacidad de obrar de una persona sometiéndola a tutela y guarda por razón de la concurrencia de alguna de las causas de incapacitación establecidas en la ley, como enfermedades o deficiencias persistentes de carácter físico o psíquico que impidan a la persona gobernarse por sí misma.

**declaración de la víctima** *Pen.* y *Proc.* Declaración que supone una prueba de cargo suficiente para levantar la presunción de inocencia cuando dicha declaración sea creíble por no existir relaciones con el acusado que permitan atribuir dicha declaración a arrepentimiento o venganza de cualquier clase.

**declaración de lesividad** *Adm.* y *Proc.* Manifestación de una Administración pública consistente en declarar lesivo para el interés público un acto favorable para los interesados a fin de proceder a su ulterior impugnación ante el orden jurisdiccional contencioso-administrativo.

**declaración del siniestro** *Merc.* Deber del tomador del seguro, del asegurado o del beneficiario de comunicar al asegurador el acaecimiento del siniestro dentro del plazo máximo de siete días de haberlo conocido, salvo que se haya fijado en la póliza un plazo más amplio.

**declaración jurada** *Gral.* Manifestación personal, verbal o escrita, donde se asegura la veracidad de lo declarado bajo juramento ante autoridades administrativas o judiciales.

**declaración responsable** *Adm.* Documento suscrito por una persona física o jurídica en el que manifiesta, bajo su responsabilidad, que cumple con los requisitos establecidos en la normativa vigente para que le sea reconocido un derecho o una facultad y que dispone de la documentación que acredita el cumplimiento de la normativa que rige la actividad o el ejercicio que va a iniciar, cuyo cumplimiento se compromete a observar.

**declaración tributaria** *Fin.* Documento presentado ante la Administración tributaria en el que se reconoce o manifiesta la realización de cualquier hecho relevante para la aplicación de los tributos.

**declinatoria** *Civ.* y *Proc.* Instrumento procesal del que dispone el demandado y todo aquel que pueda ser parte legítima en el proceso para denunciar la falta de jurisdicción del tribunal ante el que se ha interpuesto la demanda, por corresponder el conocimiento de esta a tribunales extranjeros, a órganos de otro orden jurisdiccional o a árbitros.

**decomiso 1.** *Gral.* Cosa decomisada. ‖ **2.** *Pen.* Consecuencia accesoria impuesta por la comisión de una infracción penal y que implica la pérdida de los efectos provenientes de un delito y de los bienes, medios o instrumentos con que se haya preparado o ejecutado, así como de las ganancias provenientes del delito, cualesquiera que sean las transformaciones que hubieren podido experimentar. ‖ **3.** *Adm.* Incautación de las armas o piezas ilegales, ilegalmente empleadas o ilegalmente cobradas.

**decreto 1.** *Adm.* y *Const.*; *Esp.* Decisión de carácter normativo, habitualmente del Consejo de Ministros y de los Consejos de Gobierno de las comunidades autónomas. ‖ **2.** *Adm.* y *Proc.* Denominación de algunas decisiones de los alcaldes y otras instituciones. ‖ **3.** *Proc.* Resolución del letrado de la Administración de Justicia, de carácter motivado, que procede en los supuestos en que la ley lo establezca y, en su defecto, para la admisión de la demanda y poner fin a los procedimientos que deban ser resueltos por el letrado de la Administración de Justicia. ‖ **4.** *Adm.* y *Const.*; *Arg.*, *Bol.*, *P. Rico* y *Ur.* Resolución del poder ejecutivo nacional o departamental, de carácter general y particular, expedida en ejercicio de sus poderes reglamentarios o de su función administrativa. ‖ **5.** *Proc.*; *Ur.* Resolución de mero trámite emitida por los jueces en el curso de un procedimiento. ‖ **6.** *Const.*; *Col.* y *Par.* Conjunto de las órdenes o reglamentaciones administrativas dictadas por el presidente de la República que, para su validez, requiere el refrendo del ministro del área al que hace referencia dicha resolución. ‖ **7.** *Const.*; *Chile* y *P. Rico* Cada una de las resoluciones que dictan los tribunales sobre materias no contenciosas y, principalmente, todas las resoluciones de las autoridades administrativas. || **8.** *Hist.* En el Antiguo Régimen, contenido de las provisiones y cédulas.

**decreto legislativo 1.** *Adm.* y *Proc.*; *Esp.* Norma con rango de ley dictada por el Gobierno en virtud de una delegación de las Cortes Generales. || **2.** *Const.*; *Col.* Norma con rango de ley dictada por el Gobierno para ejercer las facultades de excepción propias de los estados de guerra exterior, conmoción interior o emergencia. || **3.** *Parl.*; *Nic.* Acuerdo tomado por la Asamblea Nacional al realizar su actividad legislativa, que contiene disposición de carácter particular y cuya vigencia está limitada en espacio, tiempo, lugar, asociación, establecimiento y persona.

**decreto ley 1.** *Const.*; *Esp.* Norma con rango de ley, de carácter provisional, dictada por el Gobierno cuando concurre una circunstancia de extraordinaria y urgente necesidad. || **2.** *Fin.*; *Arg.*, *Col.*, *Ec.*, *Hond.* y *Ven.* Acto con rango, forma y fuerza de ley dictado por el Ejecutivo nacional previa autorización por una ley habilitante sancionada por el Congreso o la Asamblea Nacional. || **3.** *Parl.*; *Chile* y *Ur.* Disposición de naturaleza legislativa, enunciada bajo forma de decreto, dictada por un poder *de facto* que ha reunido para sí, contra lo previsto en el ordenamiento constitucional, las funciones parlamentarias y ejecutivas y que no van al trámite de toma de razón de la Contraloría General de la República.

***de cuius*** *Civ.* Causante de la herencia.

***de facto*** *Int. púb.* Dicho de una situación: Que existe de hecho, pero que carece de fundamento jurídico, lo que no impide que produzca efectos jurídicos.

***default*** *Fin.* Situación financiera en la que un Estado, actuando como prestatario, no puede hacer frente a los pagos derivados de la deuda pública contraída en la forma establecida en las condiciones de emisión, cesando en los mismos.

**defecto de forma** *Adm.* y *Proc.* Incumplimiento de algún requisito formal.

**defenestrar 1.** *Gral.* Arrojar a alguien por la ventana. || **2.** *Gral.* Destituir o expulsar de un cargo a alguien.

**déficit** *Fin.* Situación financiera en la que los ingresos son inferiores a los gastos.

**deflación 1.** *Gral.* Reducción notable del nivel de precios con efectos desfavorables para la economía de un país. || **2.** *Gral.* Reducción general y continuada del nivel de precios de consumo y de los activos.

**defraudación a la Seguridad Social** *Pen.* Delito consistente en defraudar a la Seguridad Social mediante la elusión del pago de las cuotas de esta y conceptos de recaudación conjunta, la obtención indebida de devoluciones o el disfrute improcedente de deducciones en cuantía superior a la establecida en las leyes.

**defraudación tributaria** *Pen.* Delito consistente en defraudar a la Hacienda Pública mediante la elusión del pago a tributos, de cantidades retenidas o que se hubieran debido retener o de ingresos a cuenta o mediante la obtención indebida de devoluciones o el disfrute improcedente de beneficios fiscales en la cuantía establecida en las leyes.

***de iure*** *Gral.* 'Porque lo dice la ley'.

**delación 1.** *Civ.* Llamamiento a aceptar una herencia. || **2.** *Pen.* Revelación de datos que permiten identificar al culpable de un delito.

**delegación de deuda** *Civ.* Orden o mandato que dirige el primer deudor al segundo para que este se obligue en los mismos términos que él, siendo tal cambio consentido o ratificado por el acreedor.

**delegación legislativa** *Const.* Encomienda que hace el Legislativo al Ejecutivo para que regule una materia determinada por medio de una norma con rango de ley, que recibe el nombre de decreto legislativo, ya sea para establecer una regulación nueva mediante un texto articulado con arreglo a los criterios, principios y límites determinados en la ley de bases que autorice la delegación, ya sea para refundir varios textos legales en uno solo.

**delegado, da del Gobierno** *Adm.*; *Esp.* Persona designada por el Gobierno que tiene por función representar a la Administración del Estado en el territorio de una comunidad autónoma y coordinar su actividad con las propias de la Administración de esa comunidad.

**delegado, da de personal** *Adm.* En el empleo público, representante elegido por los empleados mediante el procedimiento electoral previsto por la ley para la defensa de sus intereses.

**delegado, da sindical** *Lab.* Trabajador que representa a las secciones sindicales existentes en una empresa cuando esta cuenta con representantes en el comité o centro de trabajo y ocupa a más de doscientos cincuenta trabajadores.

**deliberación** *Merc.* y *Proc.* Examen de propuestas y contraste de opiniones entre los miembros de un órgano colegiado público o privado.

**delito 1.** *Pen.* Infracción penal. || **2.** *Pen.* Acción o conducta típica, antijurídica y culpable que, por ello, es normalmente punible. || **3.** *Pen.* Acción o conducta típica y antijurídica. || **3.** *Pen.* Acción o conducta típica, antijurídica, culpable y además punible. || **4.** *Pen.* Infracción penal grave o menos grave, excluyendo la falta o infracción penal leve. || **5.** *Can.* Ruptura de la comunión eclesial que se realiza mediante la violación de una ley canónica que lleva aparejada una sanción. || **7.** *Pen.*; *Cuba* Acción u omisión socialmente lesiva prohibida por la ley bajo conminación de una sanción penal.

**delito continuado** *Pen.* Situación que se produce cuando un mismo sujeto realiza, en ejecución de un plan preconcebido o aprovechando idéntica ocasión, una pluralidad de acciones u omisiones que ofenden a uno o varios sujetos e infringen el mismo precepto penal o preceptos de igual o semejante naturaleza, y que determina generalmente un régimen penológico específico para su castigo.

**delito flagrante** *Pen.* y *Proc.* Delito que se comete cuando el delincuente es sorprendido en el momento de cometer la infracción, o también inmediatamente después del hecho con efectos o instrumentos que infunden la sospecha vehemente de su participación en ella.

**demanda** *Proc.* Acto procesal de la parte actora que, normalmente, inicia el proceso, identifica a las partes demandante y demandada y contiene una exposición de hechos y fundamentos de derecho y una petición dirigida al tribunal.

**demandante** *Proc.* Parte actora en un proceso.

**demanial** *Adm.* De titularidad pública, sometido a un régimen especial de utilización y protección.

**demarcación judicial** *Proc.* Circunscripción territorial de los órganos judiciales que puede abarcar todo un Estado, una comunidad autónoma, una provincia, un partido o un municipio.

**denegación de auxilio debido** *Pen.* Rechazo activo o pasivo de un funcionario a prestar la cooperación que le es requerida y a la que está obligado.

**denominación de origen 1.** *Adm.* y *Eur.* Signo distintivo de carácter geográfico utilizado para singularizar aquellos productos agroalimentarios que deben su calidad exclusiva o primordialmente al lugar en el que se producen y elaboran. || **2.** *Adm.* Cosa incorporal integrante del dominio público.

**denuncia 1.** *Pen.* Declaración por la que se informa a las autoridades de la existencia de un hecho que reviste los caracteres de delito o falta. || **2.** *Adm.* Acto por el que una persona, en cumplimiento o no de una obligación legal, pone en conocimiento de un órgano administrativo la existencia de un determinado hecho que pudiera justificar la iniciación de oficio de un procedimiento administrativo.

**deponer 1.** *Gral.* Declarar como testigo, experto, investigado o acusado ante una autoridad administrativa o judicial. || **2.** *Gral.* Cesar a alguien en el ejercicio de un cargo antes de que termine el mandato para el que fue designado.

**deportación 1.** *Adm.* Devolución de un extranjero a su país de origen tras la denegación de asilo o como consecuencia de su expulsión. || **2.** *Int. púb.* En tiempo de guerra, destierro de personas protegidas del territorio ocupado al territorio de la potencia ocupante o al de cualquier otro país, ocupado o no.

**depósito 1.** *Civ.* y *Merc.* Contrato por el que alguien se compromete a guardar algo por encargo de otra persona. || **2.** *Lab.; Esp.* En los recursos de suplicación y casación laboral, importe que, al tiempo de preparar o anunciar su recurso, debe abonar el recurrente —salvo que sea trabajador, causahabiente suyo o beneficiario del régimen público de la Seguridad Social, o se trate del Estado, las comunidades autónomas, las entidades locales y las entidades de derecho público con personalidad jurídica propia— en la cuenta de depósitos y consignaciones correspondiente al órgano que hubiese dictado la resolución recurrida.

**depósito judicial 1.** *Proc.* Resolución adoptada por un órgano judicial, con el objetivo de garantizar la eficacia de un embargo ordenado sobre determinados bienes, evitando de esta manera que el ejecutado pueda realizar actos de disposición o de ocultación de los mismos que frustren la ejecución. || **2.** *Proc.*; *C. Rica* Pago que debe realizarse, o que se realiza, ante una autoridad jurisdiccional o en una oficina judicial.

**depósito para recurrir** *Const.* y *Proc.* Requisito de admisibilidad de algunos recursos que tiene la finalidad de evitar la interposición de recursos temerarios y meramente dilatorios, y sin el cual la parte no tendrá derecho a que el procedimiento impugnatorio se sustancie en todas sus fases y, en todo caso, a que se resuelva en el fondo.

**derecho 1.** *Gral.* Conjunto de principios, normas, costumbres y concepciones jurisprudenciales y de la comunidad jurídica, de los que derivan las reglas de ordenación de la sociedad y de los poderes públicos, así como los derechos de los individuos y sus relaciones con aquellos. || **2.** *Gral.* Conjunto de estudios organizados en las facultades de Derecho universitarias para la enseñanza e investigación en dicha disciplina. || **3.** *Gral.* Rama o especialidad de la disciplina jurídica dedicada al estudio de una parte o sector del ordenamiento jurídico.

**derecho a asistencia letrada 1.** *Const.*, *Proc.* y *Pen.* Garantía de que el investigado en unas diligencias penales sea asistido por un letrado, especialmente en la fase de detención y de declaración ante el juzgado. || **2.** *Proc.* En determinados casos de vulnerabilidad económica establecidos legalmente, garantía de que la persona que cumpla los requisitos legales cuente con representación letrada, asesoramiento y orientación gratuitos para reclamar la tutela judicial de sus derechos e intereses legítimos.

**derecho a asistencia sanitaria** *Pen.* Derecho que asiste a todo interno en instituciones penitenciarias a recibir atención médico-sanitaria equivalente a la dispensada al conjunto de la población.

**derecho a comprender** *Gral.* Derecho de la ciudadanía a discernir el significado de los textos jurídicos sin especiales conocimientos en derecho y que aboga por la claridad del lenguaje jurídico.

**derecho administrativo** *Adm.* Rama del derecho que estudia la organización y funcionamiento de las Administraciones públicas y sus relaciones con los ciudadanos, así como el sistema normativo que las rige y las garantías jurisdiccionales correspondientes.

**derecho adquirido** *Gral.* Derecho incorporado al patrimonio de un sujeto como consecuencia de la aplicación de previsiones establecidas en las leyes.

**derecho a elecciones libres** **1.** *Const.* e *Int. púb.* Derecho de los ciudadanos, reconocido en la Constitución y en el Convenio Europeo de Derechos Humanos, a que los Estados organicen elecciones libres, a intervalos periódicos y razonables, con voto secreto, mediante escrutinios regulares y en condiciones que garanticen la libre expresión del pueblo en la elección.

**derecho a guardar silencio** **1.** *Adm.* Derecho del acusado a permanecer callado como estrategia de defensa en el procedimiento administrativo sancionador. || **2.** *Const.*, *Pen.* y *Proc.* Derecho de toda persona a que no se dé efecto incriminatorio a su negativa a prestar declaración.

**derecho a la defensa** *Const.* y *Proc.* Derecho reconocido a toda persona, en el ámbito de cualquier proceso, de ser oída y de hacer valer y probar las propias razones y argumentos, así como de rebatir las alegaciones y las pruebas en contra.

**derecho a la desconexión digital** *Lab.* Derecho de las personas que trabajan a distancia a que el empresario limite el uso de los medios tecnológicos de comunicación empresarial y de trabajo durante los períodos de descanso, a que respete la duración máxima de la jornada y a que observe cualesquiera límites y precauciones en materia de jornada que dispongan la normativa legal o convencional aplicables.

**derecho a la educación** *Adm.* Derecho fundamental que la Constitución atribuye a todos los ciudadanos, encargando a los poderes públicos que lo garanticen mediante una programación general de la enseñanza, con participación efectiva de todos los sectores afectados y la creación de centros docentes.

**derecho a la igualdad** *Const.* Derecho a recibir un tratamiento igual que los demás y con ocasión de la aplicación de las leyes por cualquier autoridad pública.

**derecho a la integridad personal 1.** *Const.* Derecho que protege la inviolabilidad de toda persona frente a los ataques a su cuerpo o espíritu, así como frente a cualesquiera intervenciones en esos bienes que carezcan de su consentimiento. || **2.** *Const.* Prohibición absoluta de tortura y de tratos inhumanos y degradantes. || **3.** *Const.* Obligación de los Estados de adoptar las medidas que resulten adecuadas para proteger la integridad de las personas, vertiente positiva y prestacional del derecho.

**derecho a la intimidad** *Const.* Derecho a disfrutar de un ámbito propio y reservado para desarrollar una vida personal y familiar plena y libre, excluido tanto del conocimiento como de las intromisiones de terceros.

**derecho a la inviolabilidad del domicilio 1.** *Const.* Prohibición de entrada y registro en un espacio ligado a la persona, salvo consentimiento del titular, autorización judicial o flagrante delito. || **2.** *Const.* Protección de carácter instrumental que defiende los ámbitos físicos en que se desarrolla la vida privada de cualquier persona, sea o no un espacio cerrado y con independencia del título jurídico con que se habite.

**derecho a la libertad de tránsito** *Arg.* y *Perú* **libertad de circulación.**

**derecho a la libre información** *Const.* Derecho a expresar y difundir libremente los pensamientos, ideas u opiniones mediante la palabra, el escrito o cualquier otro medio de reproducción.

**derecho a la presunción de inocencia 1.** *Adm.* Derecho fundamental del acusado que rige en el procedimiento administrativo sancionador sin restricciones y atribuye a la Administración la prueba de la comisión de la infracción imputada, de la participación del acusado en su realización y de su culpabilidad. || **2.** *Adm.* Regla probatoria y regla de tratamiento en el procedimiento administrativo sancionador.

**derecho a la tutela judicial efectiva** *Const.* y *Proc.* Derecho fundamental de contenido complejo que confiere a toda persona el poder jurídico de promover, en defensa de sus derechos e intereses legítimos, la actividad de los órganos jurisdiccionales que desemboque en una resolución fundada en derecho tras un procedimiento justo, sea o no favorable a las pretensiones formuladas por las partes, y a que la resolución se cumpla.

**derecho a la vida** *Const.* Derecho de toda persona a su existencia, así como a recabar la protección de las autoridades frente a actuaciones de los poderes públicos o de terceros que la amenacen o pongan en riesgo.

**derecho al juez predeterminado por la ley** *Gral.* Manifestación del derecho a la tutela judicial efectiva que comporta la predeterminación del juez o tribunal que ha de conocer de un asunto.

**derecho al olvido 1.** *Gral.* Derecho a eliminar, ocultar y cancelar aquellas informaciones o hechos pasados de la vida de las personas. || **2.** *Const.* y *Eur.* Derecho del interesado a que el responsable del tratamiento suprima todos o algunos de sus datos personales y se abstenga de darles más difusión cuando ya no son necesarios para los fines para los que fueron recogidos o tratados.

**derecho al trabajo** *Const.* y *Lab.* Derecho de toda persona a tener la oportunidad de ganarse la vida mediante un trabajo libremente escogido o aceptado.

**derecho a participar en asuntos públicos 1.** *Const.* Derecho fundamental de los ciudadanos a la participación política, directamente o a través de sus representantes. || **2.** *Const.* Derecho cuyo contenido suele equipararse por las jurisprudencias constitucionales al derecho al sufragio. || **3.** *Const.* Derecho con un objeto más estricto y fuertemente protegido, el sufragio, que el genérico principio y facultad de los ciudadanos a participar en la vida política, económica, social y cultural mediante muy variadas fórmulas.

**derecho a un proceso con todas las garantías** *Proc.* Manifestación del derecho a la tutela judicial efectiva en su dimensión de observancia de los principios referidos a las actuaciones procesales, entre ellos, la imparcialidad del juez, la celeridad procesal o la proscripción de la indefensión.

**derecho constitucional** *Const.* Rama del derecho que estudia los principios y reglas de organización del Estado establecidos en la Constitución, los valores, principios y derechos constitucionales y las garantías de los mismos frente al poder.

**derecho de acrecer** *Civ.* Derecho de los coherederos a la porción vacante que se produce cuando uno de ellos no llega a heredar.

**derecho de asilo** *Const.* e *Int. púb.* Protección otorgada en un país concreto a quienes se reconozca como refugiados de acuerdo con la Convención de Ginebra y su normativa nacional.

**derecho de defensa** *Adm.*; *Esp.* Conjunto de derechos instrumentales del artículo 24.2 de la Constitución Española del que disfruta el acusado para defenderse en el procedimiento administrativo sancionador.

**derecho de excusión** *Civ.* **beneficio de excusión**.

**derecho de injerencia** *Int. púb.* Doctrina que preconiza el derecho de los Estados a dejar a un lado el principio de no intervención respecto a un Estado en el que se estén produciendo violaciones graves y masivas de los derechos humanos para proporcionar asistencia humanitaria.

**derecho de legación** *Int. púb.* Capacidad de ejercicio discrecional que tiene un sujeto internacional, normalmente un Estado, para acreditar una misión diplomática ante otro sujeto receptor (derecho de legación activo) y de acoger como receptor en su territorio a una misión diplomática acreditada por otro Estado (derecho de legación pasivo).

**derecho de rectificación 1.** *Adm.* Derecho del afectado a obtener del responsable del tratamiento la modificación o complemento de los datos personales cuando resulten inexactos o incompletos. || **2.** *Adm.* y *Const.* Derecho de una persona a rectificar la información difundida por cualquier medio de comunicación social de hechos que la aludan, que considere inexactos o cuya divulgación pueda causarle perjuicio.

**derecho de reunión 1.** *Const.* Derecho individual, de ejercicio colectivo, a reunirse, manifestarse y desfilar pacíficamente. || **2.** *Const.* Libertad y derecho de prestación a que los poderes públicos eviten las perturbaciones o agresiones que sujetos privados puedan intentar contra quienes se reúnen o manifiestan libremente.

**derecho fundamental 1.** *Const.* Derecho de una persona o de un ciudadano que emana de la dignidad humana, del libre desarrollo de la personalidad y de otros valores y que se ejerce individualmente o de forma colectiva. || **2.** *Const.* Posición jurídica de una persona frente a los poderes públicos y, en ocasiones, frente a los sujetos privados en virtud de la cual puede obligarles a dar, hacer o no hacer algo. || **3.** *Eur.* Derechos individuales, civiles, políticos, económicos y sociales que disfrutan todas las personas en la Unión Europea, reguladas en la Carta de los Derechos Fundamentales de la Unión Europea de forma complementaria y no sustitutiva de los sistemas nacionales, que gozan de una protección cualificada en el ámbito de la Unión Europea, sin perjuicio de la regulación contenida en el Convenio Europeo para la Protección de los Derechos Humanos y de las Libertades Fundamentales.

**derecho natural** *T. der.* Conjunto de normas o principios ético-jurídicos primarios de validez universal existentes con independencia de la voluntad humana.

**derecho penal** *Pen.* Rama del derecho que estudia las normas penales, las conductas que las infringen y la imposición de penas o sanciones aplicables a los autores de delitos y faltas.

**derecho público** *Gral.* Parte del ordenamiento que regula la organización y funcionamiento de las instituciones y órganos políticos y administrativos, así como las relaciones entre el poder público y los ciudadanos.

**derecho real** *Civ.* Derecho que atribuye a su titular poder inmediato y directo sobre una cosa.

**derecho subjetivo** *Civ.* Poder jurídico reconocido a un sujeto de derecho que le permite disfrutar y disponer de una cosa como de un valor o exigir a otra persona una prestación, dentro de los límites de la buena fe, la prohibición de abusos de derecho y su ejercicio antisocial, así como el respeto a las demás prohibiciones impuestas por la ley.

**derechos civiles 1.** *Const.* Conjunto de derechos o libertades básicas de las personas, que protegen intereses individuales y conforman una posición constitucional del individuo frente al Estado, como; entre otros, el derecho a la vida, a la integridad personal, a la igualdad ante la ley o a la libertad y seguridad personales. ‖ **2.** *Const.* Primeros derechos fundamentales consagrados por las revoluciones burguesas y las declaraciones liberales del constitucionalismo del siglo XVIII, aunque con precedentes históricos.

**derogar** *Gral.* Dejar sin efecto una norma por otra posterior de igual o superior rango.

**desacato 1.** *Pen.*; *Chile, Guat., Hond.* y *Par.* Incumplimiento de una orden judicial, de cualquier fuero, siempre que sea escrita y esté basada en la normativa vigente. ‖ **2.** *Mil.* Modalidad de delito contra la Administración de la Justicia Militar cometido por quien, en un procedimiento judicial militar, comete irreverencia, injuria, indisciplina o resistencia contra tribunales o jueces militares. ‖ **3.** *Pen.*; *Col.* Sanción que se le impone a la persona que incumpla una orden emitida por autoridad judicial en el marco de una acción de tutela.

**desafectación** *Adm.* Declaración expresa del cese de la afectación de un bien que determina la pérdida de su condición demanial y su calificación como bien patrimonial.

**desahucio 1.** *Proc.* Acto de desalojar el propietario o titular de una heredad a un inquilino o arrendatario por las causas expresadas en la ley o convenidas en el contrato. || **2.** *Civ.* y *Proc.*; *Bol.*, *Chile*, *El Salv.* y *Pan.* Acción de notificar o avisar judicialmente de que se da por terminado un contrato de arrendamiento que no tiene término fijado o que lo tiene, pero se vende la finca arrendada. || **3.** *Adm.* **deshaucio administritativo**.

**desahucio administrativo** *Adm.* Potestad de la Administración pública de recuperar la posesión de sus bienes de dominio público imponiendo el desalojo a quienes los ocupan sin título suficiente cuando el título habilitante pierde su validez o su eficacia.

**desamparo 1.** *Civ.* Situación que resulta del incumplimiento o del imposible o inadecuado ejercicio de los deberes de protección establecidos por las leyes para la guarda de los menores cuando estos quedan privados de la necesaria asistencia moral o material. || **2.** *Pen.* Situación de desprotección en la que se encuentra la víctima en el delito de omisión del deber de socorro.

**desavenencia** *Gral.* Falta de acuerdo entre las personas.

**descanso laboral** *Lab.* Derecho que tiene el trabajador a un descanso mínimo semanal, acumulable por períodos de hasta catorce días, de día y medio ininterrumpido que, como regla general, comprende la tarde del sábado o, en su caso, la mañana del lunes y el día completo del domingo.

**descanso por maternidad 1.** *Lab.* Suspensión del contrato de trabajo con reserva del puesto en caso de parto. || **2.** *Lab.*; *R. Dom.* Derecho de la trabajadora embarazada a un asueto durante las siete semanas que preceden a la fecha probable del parto y las siete semanas que le siguen, período durante el cual conservará su empleo con todos los derechos que de él se derivan. || **3.** *Lab.*; *Chile* Derecho a descanso de toda trabajadora, que comienza seis semanas antes del parto hasta doce semanas posteriores a este.

**descentralización 1.** *Adm.* y *Const.* Forma de organización del Estado basada en el reconocimiento de amplias potestades de autoorganización y actuación, sea de carácter político o de naturaleza administrativa, a organizaciones infraestatales de carácter territorial, como las comunidades autónomas, las provincias o los municipios. || **2.** *Adm.* Desplazamiento de competencias a organizaciones de carácter institucional, dependientes y tuteladas, por una Administración territorial en cuya organización se integra, como sucede con los organismos autónomos.

**desconcentración** *Adm.* Desplazamiento de la titularidad o del ejercicio de la competencia en favor de órganos o entidades dependientes de la Administración que lo acuerda, pero integrados en su organización general.

**desempleo** *Lab.* Situación en que se encuentra quien, pudiendo y queriendo trabajar, pierde su empleo o ve reducida su jornada ordinaria de trabajo.

**deserción 1.** *Mil.* Delito cometido por el militar profesional o por el reservista incorporado que, con ánimo de sustraerse permanentemente al cumplimiento de sus obligaciones militares, se ausenta de su unidad, destino o lugar de residencia. || **2.** *Proc.*; *C. Rica* Abandono del juicio o proceso, o de una apelación o recurso. || **3.** *Proc.*; *C. Rica* Declaración jurisdiccional que pone fin al proceso y que se realiza en caso de que no se haya instado el curso de los procedimientos por un plazo determinado.

**desheredación** *Civ.* Privación de los derechos legitimarios correspondientes a un heredero forzoso por disposición del causante, con base en alguna de las causas legalmente establecidas.

**desistimiento 1.** *Proc.* Terminación anormal de un proceso debida a que el actor manifiesta su voluntad de abandonar su pretensión, pero sin renunciar al derecho en que la basaba, que podrá ejercitar en una nueva demanda posterior. || **2.** *Pen.* Terminación del recurso de casación que podrá hacerse en cualquier estado del procedimiento, previa ratificación del interesado, o presentando su procurador poder suficiente para ello. || **3.** *Adm.* Modo de terminación del proceso por declaración expresa del recurrente de abandono del recurso contencioso-administrativo interpuesto. || **4.** *Proc.*; *Arg.* Terminación del proceso en cualquier estado de la causa anterior a la sentencia, que las partes, de común acuerdo, podrán solicitar por escrito al juez, quien, sin más trámite, lo declarará extinguido y ordenará el archivo de las actuaciones.

**deslinde 1.** *Gral.* Acción de fijar los linderos de un terreno en relación con los colindantes. || **2.** *Civ.*; *R. Dom.* Proceso contradictorio de carácter administrativo mediante el cual se ubican, determinan e individualizan los derechos de los inmuebles amparados en constancias anotadas.

**desmentido** *Gral.* Declaración por la que se afirma que un dicho o un hecho son falsos o carecen de fundamento.

**desobediencia 1.** *Pen.* Rechazo activo u omisivo a dar cumplimiento a una orden vinculante y de exigible cumplimiento. || **2.** *Mil.* Delito cometido por el militar que se niega a obedecer o que no cumple las órdenes legítimas de sus superiores relativas al servicio que le corresponde. || **3.** *Mil.* Infracción disciplinaria muy grave cometida por el miembro de la Guardia Civil que se niega a obedecer de forma grave o que incurre en indisciplina frente a las órdenes o instrucciones de un superior, salvo que estas constituyan infracción manifiesta del ordenamiento jurídico. || **4.** *Pen.*; *Chile* Infracción que comete el empleado público que se niegue abiertamente a obedecer las órdenes de sus superiores en asuntos del servicio o que, habiendo suspendido con cualquier motivo la ejecución de órdenes de sus superiores, las desobedezca después que estos hubiesen desaprobado la suspensión.

**desorden público** *Pen.* Actuación en grupo que provoca grave alteración de las condiciones de normalidad de la vida colectiva en los espacios públicos, violando las reglas administrativas de orden y turbando la paz de la ciudadanía.

**despido** *Lab.* Extinción de la relación laboral por voluntad del empresario.

**despido colectivo 1.** *Lab.* Extinción de la relación laboral a voluntad del empresario que afecta a un número de trabajadores en un período de tiempo delimitado legalmente y sometido a reglas especiales de tramitación igualmente establecidas legalmente. || **2.** *Lab.* Extinción de los contratos de trabajo de la totalidad de la plantilla de la empresa, siempre que el número de trabajadores afectados sea superior a cinco y se produzca como consecuencia de la cesación total de su actividad empresarial fundada en las mismas causas anteriormente señaladas.

**despido disciplinario** *Lab.* Despido basado en incumplimiento grave y culpable del trabajador.

**déspota 1.** *Gral.* Persona que abusa de su superioridad, de su fuerza o de su poder en su relación con los demás. || **2.** *Gral.* Soberano que gobierna con un poder total sin someterse a leyes ni a limitaciones.

**destituir** *Gral.* Expulsar a alguien del cargo que ocupa.

**desviación de poder** *Adm.* Utilización de potestades administrativas para fines distintos de los contemplados en la norma atributiva de dichas potestades.

**desviación procesal** *Adm.* Figura procesal de creación jurisprudencial que, en el ámbito contencioso-administrativo, tiene lugar cuando la parte recurrente dirige su pretensión anulatoria contra cualquier acto administrativo que no constituya el objeto del recurso de que se trate, así como cuando se introduzca en el procedimiento contencioso-administrativo una pretensión nueva, ya sea en fase de demanda o de conclusiones, siempre que aquella pretensión no se hubiera planteado en vía administrativa, privando a la Administración demandada de su conocimiento y de la posibilidad de acogerla o denegarla.

**detención 1.** *Proc.* Privación momentánea de la libertad de circulación por un motivo fundado y previsto legalmente. || **2.** *Adm.* Inmovilización de un vehículo por emergencia, por necesidades de la circulación o para cumplimiento de alguna norma.

**detención ilegal** *Pen.* Encierro o detención de una persona privándola de su libertad al margen de la legalidad.

**detentar** *Gral.* Tener, poseer, ser titular de algún bien o derecho. ● *Aunque en el DLE y otros diccionarios* detentar *se vincula con la ilegitimidad de la situación, en el lenguaje jurídico usual está extendido su empleo por referencia a la situación posesoria, sea legítima o ilegítima, o constitutiva de precario. La legitimidad o ilegitimidad puede ser cuestión controvertida que requiera una decisión de los tribunales.*

**determinación de la ley penal más favorable** *Pen.* Selección de la ley más beneficiosa para el reo en los supuestos dudosos de aplicación retroactiva de la ley penal.

**dictamen pericial** *Lab.* y *Proc.* Informe emitido por expertos en una materia para la que se requieren conocimientos científicos, artísticos, técnicos o prácticos para explicar y valorar hechos relevantes al objeto de la litis.

***dies ad quem*** *Gral.* Fecha de finalización del plazo.

***dies a quo*** *Gral.* Fecha en que da comienzo el cómputo del plazo.

**difamación** *Civ.* y *Pen.* Expresión de hechos inciertos o meras opiniones en descrédito de una persona.

**dignidad de la persona 1.** *Const.* Cualidad propia de la condición humana de la que emanan los derechos fundamentales, junto al libre desarrollo de la personalidad, que precisamente por ese fundamento son inviolables e inalienables. || **2.** *Const.* Límite mínimo e indisponible a la regulación de los derechos fundamentales que debe ser protegido. || **3.** *Const.* Fundamento de los derechos fundamentales, del orden político y de la paz social.

**dilación indebida** *Gral.* Retraso en la tramitación de la causa que no esté suficientemente justificado por su complejidad, por la diligencia de las partes o por otras razones y que sea imputable al órgano jurisdiccional.

**diligencia 1.** *Gral.* Cuidado, prontitud, agilidad, competencia en la acción. || **2.** *Gral.* Trámite en un asunto administrativo. || **3.** *Adm.* y *Proc.* Documento administrativo o procesal que impulsa el procedimiento y constata una actuación o determinados hechos.

|| **4.** *Gral.* Gestión, asunto, mandado.

**diligencia de ordenación** *Proc.* Resolución del letrado de la Administración de Justicia que tiene por objeto dar al procedimiento el curso que la ley establece y que no necesariamente ha de estar motivada.

**diligencias finales** *Proc.* Actuaciones que puede acordar el tribunal una vez terminado el período probatorio ordinario y antes la conclusión del proceso.

**diligencias policiales** *Proc.* Actividades que realiza la Policía en el curso de una investigación abierta a las órdenes del Ministerio Fiscal o del juez instructor.

**diligencias preliminares 1.** *Proc.* Actuaciones que, en determinados supuestos y a través del procedimiento establecido en la ley, puede solicitar la parte para preparar el juicio que pretende iniciar en el futuro. || **2.** *Adm.* y *Proc.* En el recurso contencioso-administrativo, diligencias anteriores al inicio del proceso contencioso-administrativo.

**dimitir** *Gral.* Renunciar a un cargo o a un puesto de trabajo.

**diplomático, ca** *Int. púb.* Persona a la que se asigna la función de representar a un Estado ante otro sujeto de derecho internacional a fin de conducir y mejorar sus relaciones mutuas.

**diputación provincial** *Adm.* y *Const.*; *Esp.* Institución de la provincia integrada por el presidente y los diputados y a la que corresponde el gobierno y la administración autónomos provinciales.

**diputado, da** *Parl.* Representante elegido por los ciudadanos, según criterios de preferencia política, para formar parte del Congreso de los Diputados o Cámara Baja y actuar en nombre de los electores en el ejercicio de las competencias legislativas, presupuestarias, de control político y otras funciones parlamentarias.

**directiva** *Eur.* Acto jurídico adoptado por las instituciones de la Unión Europea que obliga a los Estados a la consecución de un fin dejando a los poderes públicos nacionales libertad para elegir la forma y los medios.

**discapacidad** *Adm.* Situación de merma o carencia de alguna capacidad física, sensorial o psíquica de la persona, que limita o impide su participación plena e igualitaria en la sociedad o el ejercicio efectivo de sus derechos.

**disciplina parlamentaria** *Parl.* Condición de acatamiento por parte de los parlamentarios de las reglas del debate, organización y procedimientos de los órganos representativos.

**disciplina urbanística** *Adm.* Conjunto de reglas que se ocupan de prevenir y castigar el incumplimiento de las normas urbanísticas.

**discrecionalidad** *Adm.* Potestad atribuida a los órganos administrativos por las leyes sin predeterminar por completo el contenido u orientación que han de tener sus decisiones, por lo que el titular de las potestades o competencias queda habilitado para elegir dentro de las diversas opciones decisorias que se le presentan.

**discrepancia** *Fin.* Oposición motivada del órgano de gestión al reparo formulado por la intervención en el ejercicio de su función de control.

**discriminación 1.** *Gral.* Trato diferenciado, contrario al principio de igualdad, normalmente perjudicial para el discriminado. || **2.** *Pen.* Circunstancia modificativa de la responsabilidad criminal que agrava la pena cuando el delito se comete por motivos racistas, antisemitas u otra clase de discriminación relativa a la ideología, religión o creencias de la víctima, la etnia, raza o nación a la que pertenezca, su sexo, orientación o identidad sexual, o por razones de género, de la enfermedad que padezca o de su discapacidad.

**disolución de la persona jurídica 1.** *Adm.* Desaparición de la persona jurídica que haya cometido una infracción administrativa y que no extingue su responsabilidad administrativa, de tal forma que la obligación de pago se transmitirá a las personas físicas que la dirigen o que ocupen su consejo de administración. || **2.** *Pen.* Pena aplicable a la persona jurídica por la comisión de una infracción penal que produce la pérdida definitiva de su personalidad jurídica y de su capacidad de actuar de cualquier modo en el tráfico jurídico, e impide llevar a cabo cualquier clase de actividad, aunque sea lícita.

**disolución de las cámaras** *Const.* Decreto que pone término a la legislatura anticipadamente, extinguiendo el mandato parlamentario de los diputados y senadores y fijando la fecha de las elecciones.

**dividendo** *Merc.* Derecho económico atribuido a los socios o accionistas que representa la parte de los beneficios obtenidos por la sociedad destinados a remunerarlos por las aportaciones realizadas al capital social de la empresa.

**divorcio** *Civ.* Disolución del vínculo matrimonial por voluntad de ambos cónyuges o de uno de ellos.

**doble nacionalidad 1.** *Int. priv.* Condición de ser ciudadano de dos naciones simultáneamente como consecuencia de un conflicto positivo de nacionalidad. || **2.** *Int. púb.* Compatibilidad prevista en la ley de una nacionalidad extranjera con la del Estado que la atribuye.

**doctorado 1.** *Adm.* Tercer ciclo de estudios universitarios oficiales, conducente a la adquisición de las competencias y habilidades relacionadas con la investigación científica de calidad. || **2.** *Adm.* Máximo grado académico que confieren las Universidades.

**doctor *honoris causa*** *Adm.* Título que reciben de las universidades y conforme a su propia normativa aquellas personas que, en atención a sus excepcionales méritos académicos, científicos o personales, sean acreedoras de tal distinción.

**doctrina 1.** *Gral.* Opinión sostenida en las obras de juristas de reconocido prestigio. || **2.** *Gral.*; *Col.* Interpretación que los jueces y funcionarios públicos realizan de las leyes en su aplicación a los casos particulares y en los negocios administrativos. || **3.** *Hist.* En América, distrito eclesiástico servido por un sacerdote expresamente nombrado para adoctrinar a la población indígena.

**doctrina Drago** *Hist.* e *Int. púb.* Prohibición del recurso a medidas de fuerza entre los Estados para compeler al pago de las deudas contractuales.

**documento auténtico 1.** *Gral.* Documento que da fe o prueba por sí mismo. || **2.** *Proc.*; *Col.* y *Pan.* Documento del cual existe certeza sobre la persona que lo haya elaborado y firmado.

**documento de voluntades anticipadas** *Gral.* Documento emitido libremente por cualquier persona mayor de edad, no incapacitada judicialmente, en el que expresa sus objetivos vitales y valores personales, así como las instrucciones sobre su tratamiento, que el personal médico o el equipo sanitario que la atiendan deben respetar cuando se encuentre en una situación en la que no le sea posible expresar su voluntad.

**documento electrónico** *Adm.* y *Pen.* Contenido almacenado en formato electrónico, en particular, texto o registro sonoro, visual o audiovisual.

**documento privado** *Proc.* Documento realizado entre particulares y en cuya elaboración no ha intervenido ningún funcionario público.

**documento público 1.** *Adm.* Documento producido o recibido por los órganos en el ejercicio de sus funciones, que relaciona y concreta la legislación estatal o autonómica. || **2.** *Civ.*, *Pen.* y *Proc.* Documento autorizado por un notario o empleado público competente con las solemnidades requeridas por la ley y que acredita la identidad de los intervinientes y su fecha. || **3.** *Proc.* Documento que hace prueba plena del hecho, acto o estado de cosas que documente, de la fecha en que se produce la documentación y de la identidad de los fedatarios y demás personas que, en su caso, intervengan en ella.

**documento secreto** *Pen.* Documento con trascendencia para la Administración pública que contiene hechos o informaciones que solo deben ser conocidos por un círculo reducido de personas, bien porque afecta a la intimidad de las personas, bien porque contiene una información relativa a la Administración para la que la ley contempla la calificación de secreta.

**dogmático, ca 1.** *Gral.* Dicho de un método de exposición de obras jurídicas: Que se basa en principios doctrinales y no en el orden y estructura del código. || **2.** *Gral.* Inflexible, que mantiene sus opiniones como verdades inconcusas. || **3.** *Gral.* Doctrinal.

**dolo 1.** *Pen.* Forma de culpabilidad que implica la conciencia y voluntad de realizar los elementos del tipo completo de injusto con ausencia de causas de atipicidad y de justificación. || **2.** *Civ.* Acción u omisión realizada con conciencia y voluntad de producir un resultado antijurídico que impedirá el cumplimiento normal de una obligación. || **3.** *Adm.* Forma de culpabilidad que implica la conciencia y voluntad de realizar el tipo objetivo en que consiste la infracción administrativa. || **4.** *Int. púb.* Causa de nulidad de un tratado derivada de la conducta fraudulenta de un sujeto negociador por la que induce a otro a celebrar un tratado que no hubiera concluido en otras circunstancias.

**domicilio** *Int. priv.* Lugar de residencia habitual de las personas.

**domicilio fiscal** *Fin.* Lugar de localización del obligado tributario en sus relaciones con la Administración tributaria, que será para las personas físicas su residencia habitual, y, para las personas jurídicas, su domicilio social.

**domicilio social** *Merc.* Lugar donde radica el centro de la actividad, gestión o administración de una sociedad mercantil, que constituye una de las menciones obligatorias de los estatutos sociales en las sociedades de capital.

**dominical** *Gral.* Perteneciente o relativo al derecho de dominio sobre las cosas.

**dominio 1.** *Civ.* Derecho de propiedad. || **2.** *Tel.* Cadena de caracteres alfanuméricos que define un ámbito de internet perteneciente a la misma persona física o jurídica y que permite identificar los distintos recursos y dispositivos conectados a internet de esta.

**donación 1.** *Gral.* Liberalidad de alguien que transmite gratuitamente algo que le pertenece a favor de otra persona que lo acepta. || **2.** *Civ.* Contrato por el que el donante atribuye al donatario un bien o derecho sin contraprestación.

**donación universal** *Civ.* Donación de todos los bienes presentes y futuros que una persona otorga a favor de otra que, de este modo, se constituye en heredera del donante.

**donante** *Civ.* Transmitente del dominio de una cosa a título gratuito por acto *inter vivos*.

**donatario, ria** *Gral.* Persona a cuyo favor se formaliza la donación.

**dote** *Civ.* e *Hist.* Aportación de bienes con motivo del matrimonio que realizan los padres de la esposa o del marido, según el sistema dotal que en cada momento se siga.

**drogodependencia** *Pen.* Uso habitual de estupefacientes al que el drogadicto no se puede sustraer, que puede determinar, si comete un delito, la aplicación de una circunstancia atenuante genérica o, en el caso de los delitos relativos a las drogas, una atenuación significativa si, entre otros requisitos, el sujeto hubiese finalizado con éxito un tratamiento de deshabituación.

**dualismo 1.** *Int. púb.* Concepción conforme a la cual las normas del derecho internacional y las normas internas poseen principios de fundamentación y ámbitos de validez radicalmente distintos. || **2.** *Pen.* Sistema penal en el que se prevé, como posible consecuencia jurídica del delito, la pena y la medida de seguridad.

***dumping*** *Comp.* Práctica comercial que consiste en establecer un precio inferior al de coste de los productos, normalmente con vistas a favorecer su exportación a otro país.

# *e*

**economía procesal** *Proc.* Principio que debe inspirar cualquier proceso y obliga a tratar de evitar actuaciones innecesarias, normalmente por ser reiteración de las ya practicadas.

**edad de jubilación** *Adm.* y *Lab.* Edad a partir de la cual el empleado tiene el derecho y el deber de dejar de trabajar y obtener una pensión.

**edad escolar** *Gral.* Edad durante la cual la escolarización es obligatoria.

**edad para adoptar** *Civ.* Edad mínima del adoptante.

**edad para contraer matrimonio** *Civ.* y *Const.* Edad mínima para casarse.

**edad para trabajar** *Lab.* Edad mínima para acceder a un trabajo.

**edad penal** *Pen.* Edad a partir de la cual puede exigirse a una persona responsabilidad por la comisión de hechos tipificados como delito o falta.

**edicto 1.** *Gral.* Anuncio que se expone en un tablón oficial, ya sea físico o electrónico, para la publicación de disposiciones o resoluciones. || **2.** *Adm.* y *Proc.* Anuncio que se publica en los periódicos oficiales para conocimiento de las personas interesadas que no sean parte en los procedimientos de que se trate o cuyo domicilio se ignore. || **3.** *Pen.* Forma de publicación de la requisitoria para llevar a efecto el auto de prisión cuando el reo no es hallado en su domicilio. || **4.** *Hist.* Mandato, decreto publicado con autoridad del príncipe o del magistrado.

**edificabilidad 1.** *Gral.* Posibilidad de edificación sobre un suelo según la norma urbanística. || **2.** *Adm.* Coeficiente que mide la capacidad edificable de una parcela expresada en metros cuadrados de techo edificable por cada metro cuadrado de superficie

**edil** *Adm.* Concejal, regidor local. ● *Referido a una mujer, se usa también la forma* ***edila***.

**educación básica** *Adm.* y *Const.* Educación mínima obligatoria y gratuita, constituida por la educación primaria y la educación secundaria obligatoria.

**efecto devolutivo** *Proc.* Consecuencia de la interposición de aquellos recursos que conllevan la atribución de plena jurisdicción al tribunal *ad quem* no solo para revisar lo resuelto por el juez *a quo*, sino también para resolver cuantas cuestiones se planteen de hecho y de derecho.

**efecto directo 1.** *Amb.* Efecto que tiene una incidencia inmediata en algún aspecto ambiental. || **2.** *Adm., Const.* y *Eur.* Característica atribuida por el Tribunal de Justicia a las normas europeas, según la cual sus destinatarios, que son tanto los Estados como los ciudadanos, quedan inmediatamente obligados por ellas y pueden exigir su observancia ante los tribunales internos. || **3.** *Eur.* e *Int. púb.* Aplicabilidad de una norma internacional o europea en vigor por sí misma, sin precisar de una norma interna. || **4.** *Eur.* Conjunto de derechos y obligaciones creados por la vigencia de una norma de la Unión Europea suficientemente precisa e incondicional. || **5.** *Eur.* Efecto jurídico del reglamento y decisión de la Unión Europea sin necesidad de autorización parlamentaria o recepción interna y de manera uniforme en todos los Estados miembros.

**efecto exclusión** *Eur.* Efecto que se produce cuando se invoca por los particulares una disposición de una directiva para excluir la aplicación de una norma nacional incompatible con ella y no para exigir la aplicación misma del contenido de la directiva.

**efecto suspensivo** *Adm.* y *Proc.* Consecuencia de la interposición de determinados recursos o la iniciación de ciertos expedientes que consiste en que se suspende o paraliza la ejecución de la resolución cuestionada mientras dure la tramitación del procedimiento.

**eficacia 1.** *Adm.* Principio básico de los varios a que está sometida la actuación de la Administración pública, conforme al cual debe lograr en un tiempo razonable los objetivos de interés público que tiene establecidos. || **2.** *Adm.* Capacidad para producir efectos que es característica de los actos administrativos.

**ejecución civil** *Civ.* y *Proc.* Procedimiento judicial para la realización de actuaciones judiciales que conduzcan al cumplimiento forzoso de una obligación a costa de quien la ha incumplido, con embargo y venta de bienes para pago de deudas.

**ejecución concursal** *Proc.* Procedimiento dirigido a la liquidación del patrimonio del deudor no comerciante con la finalidad de satisfacer los derechos de crédito de una pluralidad de acreedores.

**ejecución de actos administrativos** *Adm.* Despliegue de los efectos de un acto de la Administración.

**ejecución de sentencia** *Gral.* y *Proc.* Procedimiento para el cumplimiento de lo acordado por medio de sentencia.

**ejecutado, da 1**. *Adm.* y *Proc.* Persona frente a la que se despacha ejecución por figurar como deudor en el título ejecutivo o por ser propietario de bienes especialmente afectos al pago de la deuda por la que se procede. || **2.** *Hist.* Ajusticiado.

**ejecutante 1**. *Gral.* Persona que insta la ejecución por figurar como acreedor en el título ejecutivo. || **2.** *Civ.* Persona que ejecuta una obra musical.

**Ejecutivo** *Const.* **poder ejecutivo**.

**ejecutoria 1.** *Proc.* Documento público y solemne en el que se consigna una sentencia firme. || **2.** *Proc.*; *Col.* Firmeza.

**ejército** *Mil.* Componente de la estructura orgánica de las Fuerzas Armadas organizado para posibilitar la generación de la estructura operativa.

**elecciones generales** *Const.* Proceso de elección de diputados y senadores de las Cortes Generales.

**elecciones locales** *Const.* Proceso electoral para la designación de alcaldes, concejales y diputados provinciales.

**elecciones sindicales** *Lab.* Proceso electoral para la designación de delegados de personal y miembros del comité de empresa.

**emancipación** *Civ.* Acceso a la capacidad de obrar de quien, hasta ese momento, está sometido a la patria potestad.

**embargo 1.** *Adm.* y *Proc.* Traba de bienes para afectarlos a la ejecución de una resolución administrativa o judicial. || **2.** *Adm.* y *Proc.* Procedimiento administrativo o judicial que tiene por objeto la traba de los bienes del deudor. || **3.** *Pen.* Diligencia judicial por la que se acuerda la retención de determinados bienes, efectos o valores para cubrir las responsabilidades pecuniarias que puedan declararse en el proceso penal. || **4.** *Int. púb.* Medida que consiste en la interrupción de las exportaciones o las importaciones con relación a un determinado Estado y que suele adoptarse como respuesta a un previo hecho ilícito internacional, ya sea como contramedida adoptada por un Estado o un grupo de Estados, ya sea como sanción internacional decidida por el Consejo de Seguridad de las Naciones Unidas.

**embargo de bienes gananciales** *Civ.* Embargo de bienes pertenecientes a los dos cónyuges por causa de la deuda de uno de ellos.

**embargo de sueldos y pensiones** *Civ.*, *Lab.* y *Proc.* Embargo del salario, retribución o pensión del ejecutado.

**embargo de vivienda habitual** *Civ.* Embargo del domicilio conyugal.

**emergencia** *Adm.*, *Const.* y *Gral.* Situación de grave riesgo, catástrofe o calamidad pública que requiere la intervención coordinada de los poderes públicos y de los ciudadanos para la protección y socorro de personas y bienes.

**emisión de moneda** *Adm.* y *Merc.* Creación de nuevos billetes o moneda de curso legal para su puesta en circulación.

**empadronamiento** *Adm.* Inscripción en el padrón municipal.

**emplazamiento** *Proc.* Acto de comunicación procesal que ofrece al emplazado la posibilidad de personarse en juicio para actuar dentro de un plazo.

**empleado público, empleada pública 1.** *Adm.* Trabajador al servicio de una administración o institución pública, ya sea funcionario o contratado. || **2.** *Adm.*; *Chile* Persona que desempeña un empleo público en algún servicio fiscal o semifiscal y que, por lo tanto, se remunera con cargo al Presupuesto General de la Nación o del respectivo servicio. || **3.** *Adm.*; *Col.* Persona que desempeña destino creado o reconocido en alguna ley, ordenanza, acuerdo o decreto válido.

**empresa mixta 1.** *Adm.* Entidad de capital en parte público y en parte privado. || **2.** *Merc.*; *Cuba* Compañía mercantil cubana que adopta la forma de sociedad anónima por acciones nominativas en la que participan como accionistas uno o más inversionistas nacionales y uno o más inversionistas extranjeros.

**empresa pública 1.** *Adm.* y *Merc.* Entidad en la que los poderes públicos pueden ejercer, directa o indirectamente, una influencia dominante en razón de la propiedad, de la participación financiera o de las normas que la rigen. || **2.** *Adm.* y *Merc.*; *Bol.* y *Ec.* Persona jurídica de derecho público que pertenece al Estado y que está destinada a la gestión de sectores estratégicos, a la prestación de servicios públicos, al aprovechamiento de recursos naturales o de bienes públicos y, en general, al desarrollo de actividades económicas que correspondan al Estado.

**enajenación forzosa** *Proc.* Realización forzosa del valor del bien embargado mediante subasta judicial o a través de persona especializada a quien se encomiende la venta o realización.

**enajenación mental** *Pen.* Eximente, completa o incompleta, por trastorno mental al tiempo de cometer la infracción criminal.

**enaltecimiento de genocidio** *Pen.* Delito con que se promueve o favorece un clima de violencia, hostilidad, odio o discriminación contra un grupo humano.

**encomienda 1.** *Hist.* Repartimiento de indios y tierras de las colonias americanas a partir del descubrimiento y conquista con el fin de protegerlos y evangelizarlos. || **2.** *Hist.* Espacio y rentas que se otorgaban a un comendador en las órdenes militares españolas.

**encubrimiento 1.** *Pen.* Delito contra la Administración de Justicia que comete quien interviene con posterioridad a la ejecución de un acto delictivo con el fin de ayudar a los responsables a beneficiarse del producto del delito, a impedir su descubrimiento o a eludir la investigación. || **2.** *Hist.* y *Pen.* Forma de participación criminal posterior al delito. || **3.** *Mil.* Infracción disciplinaria grave o leve cometida por el militar que ayuda, sin ser cooperador necesario, o encubre al autor de una falta disciplinaria muy grave o grave, respectivamente.

**endosante** *Merc.* Tenedor de una letra que transmite todos los derechos resultantes de ella mediante endoso.

**endoso 1.** *Merc.* Modo de transmisión de las letras de cambio que se hace constar en el propio documento, por virtud del cual el transmisor o endosante garantiza la aceptación y el pago frente a los tenedores posteriores. || **2.** *Merc.* Texto que se escribe al dorso de un documento. || **3.** *Int. púb.* Mecanismo jurídico por el que un Estado se hace cargo de la reclamación y decide actuar por cuenta de uno de sus nacionales, persona física o jurídica, que ha sido objeto de una presunta violación del derecho internacional, haciendo valer con ello su propio derecho a hacer respetar en las personas de sus nacionales dicho ordenamiento.

**enemistad manifiesta** *Gral.* Aversión u odio notorio o comprobable entre dos personas.

**enervación** *Proc.* Facultad que se concede al arrendatario demandado de desahucio de pagar la totalidad de lo debido al actor propietario o poner a disposición del mismo dichas cantidades en un determinado plazo y así evitar el desahucio.

**enmienda 1.** *Parl.* Propuesta de modificación de un texto sometido a debate y aprobación parlamentarios presentada por un diputado o grupo parlamentario. || **2.** *Gral.* Rectificación, modificación, reparación || **3.** *Int. púb.* Procedimiento de revisión de las disposiciones de un tratado internacional, abierto potencialmente a todas las partes. || **4.** *Amb.* Materia orgánica o inorgánica capaz de modificar o mejorar las propiedades y características físicas, químicas o biológicas del suelo. || **5.** *Const.* y *Parl.*; *Ven.* Instrumento legislativo que tiene por objeto la adición o modificación de uno o varios artículos de la Constitución sin alterar su estructura fundamental.

**enriquecimiento injusto 1.** *Gral.* Principio general que prohíbe el enriquecimiento a costa del empobrecimiento ajeno, aun cuando se haya respetado la legalidad, si no existe justa causa para ello. || **2.** *Adm.* y *Proc.* Acción que puede ejercer la víctima del empobrecimiento injusto.

**ensañamiento** *Pen.* Aumento deliberado e innecesario del sufrimiento de la víctima durante la comisión del delito.

**entidad federativa 1.** *Const.*; *Arg.* y *Méx.* Unidad territorial autónoma que forma parte de una federación. || **2.** *Const.*; *Méx.* Parte integrante de una federación con extensión territorial, régimen interior y forma de gobierno determinadas en la Constitución Federal correspondiente.

**entidad local** *Adm.* y *Const.* Organización que forma parte de la Administración local y a la que, por ello, son de aplicación los principios de autonomía local proclamados en la Carta Europea de Autonomía Local.

**entrada en vigor** *Gral.* Comienzo de la eficacia de una norma jurídica.

**entrada y registro** *Pen.* y *Proc.* Diligencia de instrucción consistente en acceder al interior de un inmueble e inspeccionarlo en busca del posible autor de un delito y de cualquier efecto que pueda servir para descubrir, esclarecer o acreditar su comisión.

**equidad** *Gral.* Principio de justicia material que debe ponderarse en la aplicación de las normas en atención a las circunstancias del caso.

**equilibrio presupuestario** *Adm.* y *Fin.* Principio que exige la nivelación de los presupuestos públicos, prohibiéndose la previsión de gastos superiores a los ingresos ordinarios.

**erario** *Adm.* Patrimonio, ingresos y rentas de que dispone el Estado u otras Administraciones públicas, o un sujeto privado.

***erga omnes*** **1.** *Gral.* Dicho de los efectos generales de una norma o sentencia: Para todos o frente a todos. || **2.** *Int. priv.* Atributo de determinados instrumentos europeos y convencionales de ley aplicable, que implica su aplicación y eficacia con carácter universal aunque la ley reclamada por la norma de conflicto pertenezca a un Estado no miembro o no contratante.

**errático, ca 1.** *Gral.* Errante, que va de una parte a otra sin tener asiento fijo. || **2.** *Gral.* Que cambia de rumbo con frecuencia y sin fundamento.

**error 1.** *Gral.* Equivocación que puede tener o no efectos jurídicos según los casos. || **2.** *Civ.* Apreciación equivocada de la realidad de los hechos, actos, ideas o cosas. || **3.** *Pen.* 3. Equivocación o ignorancia que afecta a los elementos o al significado del hecho.

***error in obiecto*** **o** ***error in persona*** *Pen.* Error acerca de la identidad del objeto sobre el que recae la acción típica.

**error inverso de prohibición** *Pen.* Creencia errónea del sujeto de que su conducta está prohibida o está penalmente prohibida, siendo por tanto lo contrario del error de prohibición.

**error inverso de tipo** *Pen.* Creencia errónea del sujeto activo de que concurre un elemento típico que realmente no se da en el momento de su actuación, siendo por tanto lo contrario de un error de tipo.

**error material 1.** *Adm.* y *Proc.* Error involuntario fácilmente comprobable, como el error ortográfico o numérico en relación con nombres, fechas u operaciones aritméticas.

**escisión 1.** *Gral.* División en dos o más unidades. || **2.** *Merc.* División del patrimonio de una sociedad en dos o más partes para transmitir todas o algunas de ellas a otra u otras sociedades ya existentes o que se creen con esta finalidad, cuyas acciones o participaciones se entregan a los socios de la sociedad que se escinde.

**esclavitud** *Gral.* Situación de una persona que carece de derechos de modo permanente, especialmente los fundamentales de igualdad y libertad, por ejercer un tercero sobre ella todos o algunos de los atributos del derecho de propiedad, reduciéndola a la condición de objeto.

**escrito de ampliación de hechos** *Proc.* Escrito que puede ser presentado por las partes procesales en momento distinto al legalmente previsto para el establecimiento de los hechos a fin de poner de manifiesto un hecho relevante que sea nuevo o de nueva noticia.

**escrito de conclusiones** *Proc.* Escrito que pueden presentar las partes en el procedimiento contencioso-administrativo una vez finalizadas las fases de demanda, de contestación y, en su caso, de prueba.

**escritura matriz** *Civ.* Escritura original que el notario ha de redactar sobre el contrato o acto sometido a su autorización, firmada por los otorgantes y por los testigos instrumentales o de conocimiento en su caso y firmada y signada por el mismo notario.

**escritura pública** *Gral.* Instrumento público notarial que tiene como contenido propio la declaración de voluntad, los actos jurídicos que implican prestación del consentimiento y determinados contratos y negocios jurídicos que, según la ley material, exigen este instrumento.

**escrutinio** *Const.* Operación pública de recuento de los votos emitidos en unas elecciones.

**espacio natural protegido** *Amb.* Espacio natural declarado protegido por la Administración competente en atención a la representatividad, singularidad, fragilidad o interés de sus elementos o sistemas naturales para que disfrute de un régimen adecuado de protección de tales valores.

**especial trascendencia constitucional** *Const.; Esp.* Requisito de admisibilidad del recurso de amparo, que se aprecia por el Tribunal Constitucional atendiendo a su importancia para la interpretación de la Constitución, para su aplicación o para su general eficacia y para la determinación del contenido y alcance de los derechos fundamentales.

**Estado 1.** *Const.* Organización política soberana caracterizada por referencia a una comunidad o población determinada asentada sobre un territorio definido. || **2.** *Int. púb.* Sujeto originario del derecho internacional, dotado de un gobierno o poder soberano que ejerce su autoridad sobre un territorio determinado y la población que lo habita, los cuales proporcionan las condiciones geofísicas y demográficas para que exista, y que se relaciona con otros sujetos conforme a las reglas de ese ordenamiento.

**Estado autonómico** *Const.; Esp.* Forma de organización estatal descentralizada territorialmente en comunidades autónomas.

**estado civil** *Civ.* y *Pen.* Condición de una persona en relación con su nacimiento, nacionalidad, filiación o matrimonio, que se hacen constar en el Registro Civil y que delimitan el ámbito propio de poder y responsabilidad que el derecho reconoce a las personas naturales.

**estado de alarma** *Const.* Situación extraordinaria que se declara cuando se produce una alteración grave de la normalidad por causa de catástrofes, calamidades, desgracias públicas, crisis sanitarias, paralización de los servicios públicos esenciales o desabastecimiento de productos de primera necesidad.

**Estado de derecho 1.** *Adm.* y *Const.* Organización política de la comunidad orientada a la limitación del poder para preservar una esfera autónoma de acción y de realización a los ciudadanos. || **2.** *Eur.* Valor común a la Unión Europea y a sus Estados miembros. || **3.** *Eur.* Requisito que debe reunir un Estado europeo para ingresar en el Consejo de Europa y en la Unión Europea.

**estado de excepción 1.** *Const.; Esp.* Régimen jurídico de carácter extraordinario y transitorio aprobado por el Consejo de Ministros, previa autorización del Congreso de los Diputados, cuando el libre ejercicio de los derechos y libertades de los ciudadanos, el normal funcionamiento de las instituciones democráticas, el de los servicios públicos esenciales para la comunidad o cualquier aspecto del orden público resulten tan gravemente alterados que el ejercicio de las potestades administrativas resultara insuficiente para establecerlo o mantenerlo. || **2.** *Const.*; *Bol.* Régimen jurídico aprobado por el presidente del Estado para todo o parte del territorio nacional en caso de peligro para la seguridad del Estado, amenaza externa, conmoción interna o desastre natural. || **3.** *Const.*; *Ec.* y *Par.* Régimen jurídico aprobado por el presidente del Estado para todo o parte del territorio nacional en caso de agresión, conflicto armado internacional o interno, grave conmoción interna, calamidad pública o desastre natural, durante el cual podrán suspenderse o limitarse únicamente el ejercicio del derecho a la inviolabilidad de domicilio, a la inviolabilidad de correspondencia, a la libertad de tránsito, a la libertad de asociación y reunión y a la libertad de información en los términos señalados por la Constitución.

**Estado federal** *Const.* Estado compuesto por diversas unidades territoriales, dotadas de autonomía política e instituciones de gobierno comunes a todas ellas, cuya organización, competencias y relaciones intergubernamentales están regidas por una Constitución como norma suprema de todo el ordenamiento jurídico.

**estafa** *Pen.* Delito que comete el que, con ánimo de lucro, utiliza engaño bastante para producir error en otro, induciéndolo a realizar un acto de disposición en perjuicio propio o ajeno.

**estipulación a favor de tercero** *Civ.* Contrato por el que el deudor, denominado promitente, se compromete frente a otra persona, denominada estipulante, a ejecutar una prestación en beneficio de un tercero.

**estupro 1.** *Pen.* Delito que comete el que, sin violencia o intimidación y sin que medie consentimiento, realiza actos que atentan contra la libertad o indemnidad sexual de otra persona, o bien el que realiza actos que atentan contra la indemnidad sexual de un menor de trece años. || **2.** *Pen.*; *Bol.*, *Chile* y *Ec.* Delito que comete quien accede carnalmente, por vía vaginal, anal o bucal, a una persona menor de edad, pero mayor de catorce años, cuando se aproveche de una anomalía o perturbación mental, de una relación de dependencia, del grave desamparo o de la inexperiencia o ignorancia sexual de la víctima. || **3.** *Pen.*; *El Salv.* Delito que comete quien accede carnalmente, por vía vaginal o anal, y con engaño a una persona menor de edad, pero mayor de quince años, prevaliéndose de la superioridad originada por cualquier relación. || **4.** *Pen.*; *Arg.* Abuso sexual gravemente ultrajante o acceso carnal contra una persona menor de 16 años y mayor de 13, que comete quien se aprovecha de la inmadurez sexual de la víctima y de su relación de preeminencia con ella. || **5.** *Pen.*; *Par.* Delito que comete el hombre que persuade a una mujer de catorce a dieciséis años a realizar el coito extramarital.

**etnia** *Gral.* Conjunto de personas que tienen en común rasgos culturales, tales como idioma, religión, celebración de ciertas festividades, expresiones artísticas, vestimenta, nexos históricos, territorio u otros.

**evaluación ambiental** *Amb.* Procedimiento administrativo instrumental respecto del de aprobación o de adopción de planes y programas, así como respecto del de autorización de proyectos o, en su caso, respecto de la actividad administrativa de control de los proyectos sometidos a declaración responsable o comunicación previa, a través del cual se analizan los posibles efectos significativos sobre el medioambiente de los planes, programas y proyectos.

**eventual 1.** *Gral.* Que puede darse o suceder, o no. || **2.** *Gral.* Circunstancial u ocasional.

**evicción** *Civ.* Pérdida de un derecho por sentencia firme y en virtud de derecho anterior ajeno.

**exacción 1.** *Adm.* Recaudación de un impuesto o tasa. || **2.** *Adm.* Impuesto o tasa objeto de recaudación o exacción. || **3.** *Pen.* Cobro de derechos, tarifas por aranceles o minutas indebidos.

***ex cathedra*** *Gral.* Dicho de hablar: En tono magistral o dogmático.

**excedencia 1.** *Adm.* Situación administrativa del funcionario que cesa en el servicio activo por su voluntad u otras causas no disciplinarias. || **2.** *Lab.* Uno de los supuestos de suspensión del contrato de trabajo, que puede ser voluntario o forzoso y que, en este último caso, da derecho a la conservación del puesto y al cómputo de la antigüedad de su vigencia.

**excepción de litispendencia** *Proc.* Excepción procesal que puede oponerse a la continuación del proceso cuando exista abierto otro procedimiento entre las mismas partes y el mismo objeto.

**excepción dilatoria 1.** *Can.* Excepción que tiene por objeto retrasar el proceso en el tiempo || **2.** *Hist.* y *Proc.* Excepción procesal que se planteaba antes de contestar a la demanda, dando lugar a la suspensión del plazo de contestación y paralizando el proceso mientras no fuera resuelta.

**excepción perentoria 1.** *Proc.* Excepción que se ventila en el juicio de fondo y se falla en la sentencia definitiva.

***exceptio veritatis*** **1.** *Civ.* y *Const.* Excepción material que puede oponerse frente a una pretensión indemnizatoria por difamación si el demandado demuestra que son ciertos los hechos del relato presuntamente difamatorio. || **2.** *Pen.* Facultad que corresponde al acusado de un delito de calumnia de probar la realidad del hecho que ha imputado a otra persona, quedando exento de responsabilidad penal. || **3.** *Pen.* Prueba de la verdad de las imputaciones por el acusado de delito de injuria contra funcionarios públicos con el resultado de quedar exento de responsabilidad.

**excusa absolutoria** *Pen.* Circunstancia que, por razones de política criminal, determina la exclusión de la pena en un comportamiento antijurídico y culpable.

**excusado** *Hist.* Aportación extraordinaria de la Iglesia a la monarquía desde tiempos de Felipe II, primero por cinco años, que se fue prorrogando sucesivamente hasta hacerse una aportación ordinaria.

**exegético, ca** *Gral.* Dicho de un método interpretativo de las leyes: Que se apoya en el sentido de las palabras de estas.

**exención 1.** *Gral.* Exclusión singular de la aplicación de la norma que impone un deber o carga por razón de un supuesto de hecho concreto. || **2.** *Fin.* Relajación de la norma tributaria, habiéndose producido el hecho imponible, en cuanto a la obligación principal del pago de la deuda.

***exequatur*** **1.** *Int. priv.* y *Proc.* Procedimiento especial para homologar actos y resoluciones pronunciados por autoridades extranjeras y declararlos ejecutivos en el foro. || **2.** *Int. púb.* Autorización por la que el Estado receptor admite al jefe de la oficina consular para el ejercicio de sus funciones. || **3.** *Adm.*; *R. Dom.* Documento oficial por medio del cual el Poder Ejecutivo concede la autorización legal necesaria para ejercer, en el marco de la ley, cualquier profesión de educación superior en el territorio nacional.

**exhorto 1.** *Proc.* Oficio que un juez o tribunal dirige a otro, recabando auxilio para realizar una diligencia procesal fuera del ámbito de su jurisdicción. || **2.** *Proc.*; *Par.* Requerimiento dirigido a un juez o una autoridad extranjera.

**exilio** *Gral.* Expatriación, generalmente por motivos políticos.

**eximente** *Pen.* Circunstancia que excluye la responsabilidad penal del sujeto por falta de acción, por exclusión de la antijuridicidad o justificación, por atipicidad por falta de toda relevancia jurídica, por falta del tipo subjetivo en el accidente o caso fortuito, por exclusión solo de la tipicidad penal o del injusto penal, por exclusión de la culpabilidad o por falta de punibilidad.

***ex lege*** *Gral.* Según la ley, por disposición de la ley.

***ex nunc*** *Gral.* Desde ahora. ● *Expresión utilizada para determinar que las leyes, los contratos y los actos no tienen, ordinariamente, eficacia hacia el pasado.*

**expediente administrativo** *Adm.* y *Proc.* Conjunto ordenado de documentos y actuaciones que reflejan lo actuado en un procedimiento administrativo.

**expedir 1.** *Gral.* Dar curso o salida a un documento o una orden. || **2.** *Gral.* Enviar.

**expensas 1.** *Proc.*; *Bol.*, *Chile*, *El Salv.* y *Pan.* Gastos en que se incurre en los procesos, tales como certificaciones, copias que se aduzcan como pruebas y honorarios de peritos y otros auxiliares. || 2. *Hist.* Gastos o indemnización que se abonaban fuera del sueldo por servicios no ordinarios del cargo u oficio. || **3.** *Hist.* Gastos que se realizan por cualquier motivo, tanto público como privado, como una batalla, un entierro, la realización de un trabajo, etc. || **4.** *Civ.*; *Arg.* Gastos y contribuciones de la propiedad horizontal.

**expiración** *Gral.* Terminación de un plazo.

**explotación** *Eur.* Acto de aprovecharse alguien injustamente de otro para su propio beneficio, como puede ser la explotación sexual, servicios o trabajos forzosos, esclavitud o prácticas similares a la esclavitud, inducción a la realización de actividades delictivas, servidumbre o venta de órganos.

**expoliación 1.** *Adm.* Acción u omisión que ponga en peligro de pérdida o de destrucción todos o alguno de los valores de los bienes que integran el patrimonio histórico o perturbe el cumplimiento de su función social. || **2.** *Merc.* Sustracción o apoderamiento ilegítimo de los bienes designados en una póliza de seguro contra la voluntad del asegurado y mediante actos de intimidación o violencia realizados sobre las personas que los custodian o vigilan.

**expropiación forzosa** *Adm.* y *Const.* Privación de la propiedad privada o de derechos o intereses legítimos por razones de utilidad pública o interés social mediante la correspondiente indemnización.

**expulsión del territorio nacional 1.** *Int. púb.* Acto jurídico o comportamiento, atribuible a un Estado, por el cual un extranjero es compelido a abandonar el territorio de ese Estado. || **2.** *Adm.* e *Int. priv.* Consecuencia de un procedimiento y de una decisión de carácter administrativo o penal que decreta la salida forzosa de un extranjero del territorio nacional.

**extemporáneo, a** *Adm.* y *Proc.* Dicho de un documento, trámite, reclamación o recurso: Inadmisible por haber sido realizado o presentado fuera del plazo establecido.

**extorsión** *Pen.* Delito consistente en obligar a una persona con violencia o intimidación y ánimo de lucro a realizar u omitir un acto o negocio jurídico en perjuicio propio o de tercero.

**extradición** *Int. púb.* y *Pen.* Procedimiento por el que las autoridades de un Estado hacen entrega de una persona a las de otro que la reclaman para que pueda ser enjuiciada penalmente en este segundo o cumpla en él una pena ya impuesta.

***ex tunc*** *Gral.* Desde el inicio, desde entonces. ● *Expresión que se utiliza para determinar el tiempo que comprende la eficacia de determinadas normas, actos o contratos.*

# *f*

**facilidad de la prueba** *Adm.* Criterio de creación jurisprudencial que altera el criterio general del reparto de la carga de la prueba para trasladarla a la parte que dispone de mayor facilidad para acreditar los hechos.

***fair use*** *Civ.* Doctrina asentada en el derecho anglosajón que impide que los derechos de propiedad intelectual puedan configurarse como derechos absolutos, estableciendo un uso libre y gratuito de las obras para fines de crítica, comentarios y noticias, reportajes y docencia.

**falencia 1.** *Gral.* Equivocación, error, inexactitud. || **2.** *Gral.* Mentira o falsedad. || **3.** *Merc.*; *Arg., Chile, C. Rica* y *Guat.* Insolvencia o situación de hecho en que se encuentra el comerciante que ha cesado en sus pagos. || **4.** *Gral.*; *C. Rica* y *Guat.* Carencia de algo, falta de sustento.

**fallido, da 1.** *Fin.* Dicho de un crédito tributario: Declarado incobrable una vez finalizado el procedimiento de apremio al no haberse podido hacer efectivo contra ninguno de los obligados tributarios. || **2.** *Merc.*; *Arg., Par., Perú* y *Ven.* Persona que está en quiebra.

**fallo 1.** *Proc.* Pronunciamiento sobre las pretensiones de las partes, la cantidad objeto de condena, en su caso, y el pronunciamiento sobre las costas. || **2.** *Proc.* Parte final y decisoria de la sentencia.

**falsificación de documento** *Pen.* Falsedad que recae sobre documento que puede ser privado o público.

**falso testimonio 1.** *Adm.* Motivo de revisión de sentencias firmes contencioso-administrativas fundado en el delito que comete el testigo que falte a la verdad en su testimonio en la causa judicial. || **2.** *Pen.* Falsa manifestación dolosa incumpliendo el deber de veracidad, vertida por testigos, peritos o intérpretes en causa judicial nacional o internacional. || **3.** *Pen.* Testimonio falso en contra de reo en causa por delito o emitido por perito o traductor. || **4.** *Pen.* Manifestación que no es sustancialmente falsa, pero sí inexacta o incompleta por silenciar datos o hechos relevantes para el asunto que se ventila. || **5.** *Mil.* En un procedimiento judicial militar, modalidad de delito contra la Administración de la Justicia Militar cometido por el testigo o perito que declara o informa sin decir la verdad.

**falta disciplinaria** *Adm.* En el empleo público, infracción sancionable, que puede ser leve, grave o muy grave.

**familia monoparental** *Gral.* Familia integrada por uno de los progenitores y uno o varios hijos.

**familia numerosa** *Adm.* y *Fin.* Familia que, por su número de miembros o por sus circunstancias personales, es beneficiaria de medidas de protección.

**fecundación *in vitro*** *Civ.* Técnica de reproducción asistida en la que se trata de conseguir que un espermatozoide fecunde el óvulo fuera del cuerpo de la mujer, en un laboratorio, y, una vez logrado el o los embriones, el médico o técnico los transfiere directamente al útero para tratar de obtener un embarazo.

**fedatario, ria** *Proc.* Persona que da fe pública, como el notario y otros funcionarios, cuando se trata de cuestiones extrajudiciales, o los letrados de la Administración de Justicia en materia judicial.

**fe pública 1.** *Gral.* Facultad con la que están investidos determinados agentes para certificar que los hechos que les constan son verdaderos y auténticos. || **2.** *Pen.* Primera manifestación del bien jurídico en los delitos de falsedad. || **3.** *Can.* Expresión técnica que indica del documento que la posee que ha sido redactado por una persona pública en el ejercicio de su función en la Iglesia y observando las solemnidades prescritas por el derecho.

**fiador, ra** *Pen.* Persona sobre la que recae la obligación de constituir la fianza.

**fideicomisario, ria** *Civ.* Persona a cuyo favor se constituye el fideicomiso.

**fideicomiso 1.** *Civ.* Sustitución hereditaria por virtud de la cual el fiduciario debe transmitir total o parcialmente la herencia al fideicomisario. || **2.** *Merc.*; *Arg.* y *Nic.* Contrato por el cual el fiduciante transmite o se compromete a transferir la propiedad de bienes al fiduciario, quien se obliga a ejercerla en favor del beneficiario que se designa en el contrato y a transmitirla al cumplimiento de un plazo o condición al fideicomisario. || **3.** *Int. púb.* Territorio colocado bajo la autoridad de la ONU, con un régimen de administración confiado a algún Estado miembro mediante un acuerdo especial y supervisado por el Consejo de Administración Fiduciaria. || **4.** *Hist.* Encargo *mortis causa* que debía ser cumplido por una persona interpuesta a la que el causante otorgaba su confianza.

**fiduciario, ria 1.** *Gral.* Relativo a la confianza o basado en ella.

|| **2.** *Gral.* Persona que puede disponer de los bienes o derechos de otro en virtud de una relación de confianza para una finalidad previamente pactada con el titular real de dichos bienes. || **3.** *Civ.* Heredero obligado a custodiar y conservar los bienes hereditarios para transmitirlos después al fideicomisario.

**filiación 1.** *Gral.* Procedencia de los hijos respecto a los padres. || **2.** *Civ.* Relación jurídica entre dos personas donde una es descendiente de la otra, sea por un hecho natural o por un acto jurídico, que genera derechos y deberes recíprocos.

**filibusterismo** *Parl.* Utilización del procedimiento parlamentario con fines obstruccionistas o abusivos.

**finca registral** *Civ.* Unidad de suelo o de edificación atribuida exclusiva y excluyentemente a un propietario o a varios en proindiviso.

**finiquito 1.** *Lab.* y *Merc.* Acción de finiquitar una cuenta, una deuda o una relación laboral. || **2.** *Lab.* Documento en que se liquidan las cantidades adecuadas por el empresario al trabajador con motivo de la extinción del contrato de trabajo. || **3.** *Lab.*; *Chile* Acto jurídico bilateral que extingue derechos y obligaciones de naturaleza laboral.

**firma electrónica** *Adm.* y *Merc.* Conjunto de datos en forma electrónica, consignados junto a otros o asociados con ellos, que pueden ser utilizados como medio de identificación del firmante.

**fiscal 1.** *Gral.* Miembro del Ministerio Fiscal que tiene por misión promover la acción de la justicia en defensa de la legalidad, de los derechos de los ciudadanos y del interés público tutelado por la ley, de oficio o a petición de los interesados, así como velar por la independencia de los tribunales y procurar ante ellos la satisfacción del interés social. || **2.** *Gral.* Segunda categoría de la carrera fiscal, equiparada a la de magistrado. || **3.** *Merc.*; *Nic.* En una junta directiva, persona que controla las acciones de una sociedad anónima.

**fiscalización 1.** *Contr. ext.* Conjunto de actuaciones del Tribunal de Cuentas que, con carácter de supremo, como función propia y en el marco de procedimientos normados, lleva a cabo para comprobar el sometimiento de la actividad económico-financiera del sector público a los principios de legalidad, eficacia, eficiencia, economía y, en su caso, otros de buena gestión. || **2.** *Fin.* Control preventivo de actos de contenido económico. || **3.** *Merc.*; *Arg.* Actividad de control atribuida por ley a los síndicos societarios u otros órganos de fiscalización. || **4.** *Lab.*; *Chile* Función de vigilancia del cumplimiento de la legislación laboral y su interpretación a cargo de la Dirección del Trabajo del Ministerio del Trabajo y Previsión Social.

**fisco 1.** *Fin.* Conjunto de órganos de la Administración pública que se encargan de la gestión y recaudación de impuestos. || **2.** *Hist.* y *Fin.* En el derecho romano, Hacienda pública.

**flagrante delito** *Pen.* y *Proc.* **delito flagrante.**

**fomento** *Adm.* Actividad administrativa dirigida a estimular la actividad privada, bien mediante medidas de carácter económico, como las ayudas o subvenciones, bien con medidas de carácter honorífico, como los nombramientos honoríficos o similares.

**fondo de inversión** *Merc.* Patrimonio separado sin personalidad jurídica que pertenece a una pluralidad de inversores cuya gestión y representación corresponde a una sociedad gestora, que ejerce las facultades de dominio sin ser propietaria del fondo, con el concurso de un depositario y cuyo objeto es la captación de fondos, bienes o derechos del público para gestionarlos e invertirlos en bienes, derechos, valores u otros instrumentos, financieros o no, siempre que el rendimiento del inversor se establezca en función de los resultados colectivos.

**fondo de pensiones** *Merc.* Patrimonio carente de personalidad jurídica y afecto al cumplimiento de uno o varios planes de pensiones, cuya titularidad corresponde a los partícipes y beneficiarios de los planes de pensiones integrados, conforme a la cuenta de posición que mantenga cada plan en el fondo.

**fondo de reserva 1.** *Civ.* En materia de propiedad horizontal, cantidad que debe reservar la comunidad de propietarios para atender las obras de conservación y reparación de la finca. || **2.** *Lab.* Fondo destinado a atender las necesidades futuras en materia de prestaciones contributivas originadas por desviaciones entre ingresos y gastos de la Seguridad Social.

**fórmula electoral** *Const.* Operación matemática para la conversión, en cada circunscripción electoral, de los sufragios emitidos en cargos electos.

**foro 1.** *Gral.* Sitio en que los tribunales oyen y determinan las causas. || **2.** *Gral.* Curia, y cuanto concierne al ejercicio de la abogacía y a la práctica de los tribunales.

**franquicia 1.** *Comp.* Contrato por el que una empresa otorga a otra la comercialización de ciertos productos o servicios bajo sus símbolos y marcas en una zona determinada y con su asistencia técnica a cambio de pagarle una cuota de entrada y un canon periódico. || **2.** *Merc.* En materia de seguros, cantidad inicial pactada en contrato que, en caso de siniestro, ha de asumir el asegurado con su propio patrimonio, haciéndose cargo la compañía aseguradora de la cantidad que supere la franquicia hasta cubrir el importe asegurado.

**fratricidio** *Gral.* Muerte dada por alguien a su propio hermano.

**fraude de ley 1.** *Gral.* Actuación aparentemente lícita que, en realidad, persigue evitar la aplicación de la norma establecida para la ocasión. || **2.** *Int. priv.* Alteración intencionada del punto de conexión de la norma de conflicto con el fin de evitar la aplicación de una norma imperativa del foro o de un tercer país.

**frontera** *Int. púb.* Línea que marca el límite exterior del territorio de un Estado, entendido como el espacio terrestre, marítimo y aéreo sobre el que ejerce su soberanía, lo que permite hablar de fronteras terrestres, marítimas y aéreas en función de la naturaleza física del espacio delimitado.

**fruto** *Gral.* Producto, rendimiento.

**fruto civil** *Civ.* Fruto procedente del alquiler de edificios, del arrendamiento de tierras o del importe de las rentas perpetuas, vitalicias u otras análogas.

**fruto industrial** *Civ.* Fruto que produce un predio de cualquier especie a beneficio del cultivo o del trabajo.

**fruto natural** *Civ.* Fruto procedente de las producciones espontáneas de la tierra o de los productos de los animales de una empresa agropecuaria o industrial.

**fuentes de derecho** *Gral.* Principios, normas escritas y costumbres de los que, junto con las interpretaciones sostenidas por la jurisprudencia, se nutre el ordenamiento jurídico y constituyen la base del derecho objetivo.

**fuentes de las obligaciones** *Civ.* Hechos o actos que dan vida a las obligaciones jurídicas.

**fuera de ordenación 1.** *Adm.* Situación de incompatibilidad total o parcial con la ordenación urbanística vigente de una edificación o actividad legales originariamente. || **2.** *Adm.* Situación en que queda una edificación ilegal cuando ha caducado la potestad administrativa de restablecimiento de la legalidad perturbada. || **3.** *Adm.* Situación que legitima la expropiación de un edificio o parcela para adecuar la realidad al plan urbanístico.

**fuero 1.** *Gral.* Competencia a la que legalmente están sometidas las partes. || **2.** *Civ.* Atribución de la competencia territorial en los procesos civiles. || **3.** *Civ.*; *Ec.* Capacidad que tiene un determinado juez para juzgar a un funcionario público de alguna jerarquía. || **4.** *Hist.* Compilación o código general de leyes. || **5.** *Hist.* En la Edad Media, ordenamiento jurídico de un territorio o de un lugar. || **6.** *Hist.* Derecho con vigencia en una localidad, que se suele fijar en un documento concreto. || **7.** *Hist.* Designación general del derecho consuetudinario.

**fuero municipal 1.** *Adm.* e *Hist.* Texto o documento en el que se recogen un conjunto de normas jurídicas que regulan la vida de una localidad y que fija parte del derecho aplicable a la misma, abarcando durante la Alta y Plena Edad Media los derechos y cargas que le son impuestas a vecinos y moradores y sus relaciones jurídico-privadas, así como las relaciones de naturaleza jurídico-pública de estos con el rey y el concejo.

**fuerza mayor 1.** *Gral.* Circunstancia imprevisible e inevitable que altera las condiciones de una obligación. || **2.** *Int. púb.* Circunstancia que excluye la ilicitud del hecho de un Estado o de una organización internacional que no está en conformidad con una obligación internacional, si ese hecho se debe a una fuerza irresistible o un acontecimiento imprevisto, ajenos al control del Estado o de la organización, que hacen materialmente imposible, en las circunstancias del caso, cumplir con la obligación.

**Fuerzas Armadas** *Mil.* Elemento esencial de la defensa que constituye una entidad única como conjunto integrador de las formas específicas de cada uno de sus componentes: el Ejército de Tierra, la Armada y el Ejército del Aire.

**fuerzas y cuerpos de seguridad** *Gral.* Unidades y personal dependientes de la autoridad encargados del orden público y la seguridad, tales como la Guardia Civil y la Policía Nacional.

**funcionario, ria** *Adm.* Persona que presta servicios profesionales en una administración o institución pública en virtud de una relación estatutaria de derecho administrativo.

**funcionario, ria de carrera** *Adm.* Funcionario público nombrado con carácter permanente y con derecho a la inamovilidad en su condición, que solo pierde por jubilación, renuncia, pérdida de la nacionalidad, sanción disciplinaria de separación del servicio o inhabilitación absoluta o especial para cargo público en virtud de resolución judicial.

**funcionario interino, funcionaria interina** *Adm.* Persona nombrada para desempeñar de manera transitoria un puesto vacante de funcionario público de carrera por razones de necesidad y urgencia.

**fundación 1.** *Civ.* Organización constituida sin fin de lucro que, por voluntad de su creador, tiene afectado de modo duradero su patrimonio a la realización de fines de interés general.

|| **2.** *Gral.* Documento en que constan las cláusulas de una institución de mayorazgo, de una obra pía, etc.

**fundamentos de derecho** *Proc.* Una de las cuatro partes que constituyen la estructura formal de las sentencias, en la que, en párrafos separados y numerados, se contienen las razones y fundamentos legales del fallo, con expresión concreta de las normas jurídicas aplicables al caso.

**fusión 1.** *Merc.* Modalidad de modificación estructural por la que dos o más sociedades mercantiles inscritas se integran en una sociedad de nueva creación mediante la transmisión en bloque de sus patrimonios a esa entidad y la atribución a los socios de las sociedades que se extinguen de las acciones, participaciones o cuotas de la sociedad resultante que se crea. || **2.** *Merc.* Absorción por parte de una sociedad existente del patrimonio de otra u otras que se extinguen, adquiriendo la sociedad absorbente por sucesión universal los derechos y obligaciones de las absorbidas. || **3.** *Adm.*, *Civ.* y *Comp.* Operación mediante la cual dos o más empresas u otras instituciones se constituyen como una única, bien por creación de una nueva, bien por absorción por parte de una de ellas de las demás.

# g

**garante 1.** *Gral.* Persona que garantiza, que presta la garantía. || **2.** *Adm.* Posición de la persona que incurre en responsabilidad sancionadora por incumplir el deber legal de prevenir la infracción administrativa cometida por otro.

**garantía constitucional** *Const.* Protección especial que la Constitución dispensa a determinadas instituciones y derechos protegiéndolos frente a la legislación ordinaria.

**garantía institucional** *Const.* Protección constitucional de derechos fundamentales y de algunas instituciones para evitar que la regulación de los mismos, llevada a cabo por el legislador, los desnaturalice, haga perder su esencia o pueda impedir su ejercicio.

**gastos de mantenimiento de los hijos** *Civ.* Deber de los padres de prestar alimentos a sus hijos, que incluye no solo lo necesario para el sustento alimenticio, sino también habitación, vestido, asistencia médica, educación e instrucción de los hijos menores de edad, comprendiéndose además los gastos ordinarios y extraordinarios.

**gestación subrogada** *Gral.* Técnica reproductiva que utiliza un vientre de alquiler.

**gestión de negocios ajenos** *Civ.* Cuasicontrato por el que una persona se encarga voluntariamente de la agencia o administración de los negocios de otro sin mandato de este.

**Gobierno 1.** *Const.* Órgano constitucional colegiado que dirige la política interior y exterior, la Administración y la defensa del Estado y, además, ejerce la función ejecutiva y la potestad reglamentaria. || **2.** *Int. púb.* Elemento constitutivo del Estado, entendido como poder político organizado e independiente que ejerce de manera efectiva un conjunto de competencias en su territorio y vela por el respeto del derecho internacional.

**golpe de estado 1.** *Const.* Destitución repentina y sustitución, por la fuerza u otros medios inconstitucionales, de quien ostenta el poder político. || **2.** *Const.* Desmantelamiento de las instituciones constitucionales sin seguir el procedimiento establecido.

**grado de dependencia** *Adm.* Cada uno de los estadios en los que se clasifican las situaciones de dependencia.

**grado de parentesco** *Civ.* Cada una de las generaciones que marcan el parentesco entre las personas.

**grado penitenciario** *Pen.* Sistema progresivo de cumplimiento de las penas privativas de libertad consistente en la clasificación de los presos en grupos dependiendo de su evolución en su tratamiento penitenciario.

**graduación de la sanción** *Adm.* Operación que ha de realizar el órgano competente para sancionar y que consiste en adecuar la sanción que corresponde imponer, dentro del margen previsto por el tipo infractor aplicable, a la gravedad de la infracción cometida, valorando para ello las circunstancias del caso concreto de conformidad con los criterios de graduación establecidos por las normas y con respeto siempre al principio de proporcionalidad de la sanción.

**graduación de pena** *Pen.* Selección por el juez o tribunal de la gravedad de la pena aplicable en atención a los criterios establecidos legalmente, como la concurrencia de circunstancias atenuantes o agravantes.

**grupo de consumidores y usuarios** *Proc.* Agrupación de consumidores afectados por un hecho dañoso a los que la ley procesal atribuye capacidad para ser parte siempre que los individuos que lo componen estén determinados o sean fácilmente determinables y que, además, el grupo se constituya con la mayoría de los afectados.

**grupo parlamentario** *Parl.* Trasunto parlamentario de los partidos u otras formaciones políticas que desempeñan un papel relevante y hegemónico en la organización y funciones de las cámaras actuales.

**grupo terrorista 1.** *Pen.* Grupo criminal que tiene como finalidad la comisión de delitos de terrorismo. || **2.** *Pen.* Conjunto de personas dedicadas a cometer actos de terrorismo.

**guarda de hecho** *Civ.* Función tutelar que, respecto de un menor o presunto incapaz, ejerce una persona sin que haya sido nombrada judicialmente al efecto.

# h

***habeas corpus*** **1.** *Const.* e *Int. púb.* Derecho que entraña un procedimiento legal, rápido y sumario para producir la inmediata puesta a disposición judicial de toda persona detenida ilegalmente y verificar las condiciones de la detención. || **2.** *Pen.* Procedimiento judicial al que puede acudir cualquier persona privada de libertad si estima que lo está ilegalmente, a fin de que un juez verifique la legalidad de la citada privación.

***habeas data*** **1.** *Adm.* Acción constitucional que puede ejercer cualquier persona incluida en un registro de datos para acceder al mismo y recabar la información que le afecte, así como para solicitar su eliminación o corrección si tal información fuera falsa o estuviera desactualizada. || **2.** *Tel.* Derecho a la propia intimidad informática, que confiere a su titular un derecho de control sobre los datos (acceso, rectificación y cancelación de los mismos), interviniendo el Estado en su protección y tutela con agencias o comisarios para la protección de los datos.

**hábil** *Proc.*, *Adm.* y *Lab.* Dicho de un día u otro período de tiempo: Establecido como válido o computable para practicar actuaciones administrativas o procesales.

**habilitación de días y horas** *Proc.* Actuación procesal por la que un tribunal declara utilizables para el cumplimiento de determinados actos y por razón de urgencia los días y horas inhábiles.

**Hacienda local** *Adm.* Conjunto de recursos de que dispone una entidad local para el cumplimiento de sus fines, integrado por tributos propios, participaciones reconocidas en los tributos del Estado y de las comunidades autónomas y los restantes previstos en las leyes.

**Hacienda pública 1.** *Fin.* Conjunto de derechos y obligaciones de contenido económico cuya titularidad corresponde a las distintas administraciones. || **2.** *Fin.* Sector de la ciencia económica que se ocupa de la actividad financiera de las Administraciones públicas, es decir, de sus ingresos, gastos y del presupuesto. || **3. fisco.**

***hacker*** *Tel.* Persona experta en alguna rama tecnológica que accede a un sistema informático o a informaciones ubicadas en dicho sistema o en la red de comunicaciones sin permiso del titular y sin necesidad de móvil o acción posterior alguna.

**hallazgo casual 1.** *Adm.* Descubrimiento de objetos y restos materiales o de fósiles que, poseyendo los valores propios del patrimonio cultural arqueológico o paleontológico, se hayan producido por azar o como consecuencia de cualquier otro tipo de remoción de tierra, explotación, demoliciones u obras de cualquier índole. || **2.** *Proc.*; *Arg.*, *Chile* y *Hond.* Hallazgo de objetos o documentos durante la diligencia de registro que corresponden a otro delito distinto del que motivó que se hubiera librado la orden.

**hecho imponible** *Fin.* Presupuesto fijado en las leyes para configurar cada tributo, que define la capacidad económica sometida a gravamen y cuya realización supone el nacimiento de la obligación tributaria.

**hechos de nueva noticia** *Proc.* Hechos que han llegado a conocimiento de la parte que los alega después de la demanda o de la contestación y que pueden ser alegados, con limitaciones, en la audiencia previa y, en todo caso, antes del plazo para dictar sentencia.

**hechos determinantes** *Adm.* Circunstancias de hecho que han de concurrir necesariamente para que se puedan ejercer las potestades administrativas con las que la ley habilita a la Administración para que actúe o decida precisamente en presencia de concretas circunstancias de hecho.

**hechos probados** *Proc.* Relato histórico de los sucesos objeto de enjuiciamiento que el órgano judicial ha considerado ciertos y que son relevantes para el fallo de la sentencia.

**heredero *ab intestato*** *Civ.* Persona llamada a suceder al causante por disposición de la ley a falta de testamento válido.

**heredero forzoso** *Civ.* Persona a la que la ley, debido a cierto vínculo parental próximo con el causante, reconoce el derecho a heredar al menos la legítima.

**heredero testamentario** *Civ.* Persona llamada a suceder al causante en virtud de testamento otorgado conforme a la ley.

**herencia vacante** *Civ.* Situación en que queda la herencia por ausencia de herederos testamentarios o *ab intestato* o cuando los herederos existentes no pueden o no quieren aceptar la herencia.

**herencia yacente** *Civ.* Situación en que se encuentra la herencia desde la apertura de la sucesión hasta la aceptación definitiva de aquella por el llamado al que le ha sido deferida.

**hermenéutica 1.** *Gral.* Interpretación jurídica. || **2.** *T. der.* Disciplina cuyo objetivo es el estudio de los métodos, técnicas y conceptos interpretativos de los textos jurídicos.

**hipoteca 1.** *Civ.* Derecho oponible frente a todos mediante el cual el valor de un bien inmueble es afectado al cumplimiento de obligaciones determinadas.

**hoja de aprecio** *Adm.* Documento en el que el expropiado, el expropiante o el beneficiario de la expropiación deben concretar motivadamente el valor del objeto que se expropia.

***holding*** *Merc.* Sociedad financiera que posee o controla la mayoría de las acciones de un grupo de empresas.

**homicidio 1.** *Hist.* y *Pen.* Delito consistente en dar muerte una persona a otra. || **2.** *Hist.* y *Pen.* Durante la Edad Media, delito de muerte de una persona para el que se fijaba una responsabilidad vecinal colectiva en caso de que no fuera encontrado el autor, regulado generalmente en el derecho local.

**homofobia** *Gral.* Aversión hacia la homosexualidad o las personas homosexuales.

**homologación de título oficial** *Adm.* Reconocimiento oficial de que la formación superada para la obtención de un título extranjero es equiparable a la exigida para la obtención de un título nacional que habilite para el ejercicio de una profesión regulada.

**honorarios del abogado** *Gral.* Retribución de los servicios profesionales prestados por el abogado a su cliente.

**hora extraordinaria** *Lab.* Hora trabajada por encima de la jornada laboral, que ha de ser retribuida conforme a los criterios pactados o compensada con descansos.

**horario laboral** *Lab.* Período horario en que un trabajador debe prestar su servicio.

**hospedaje 1.** *Hist.* Prestación personal de naturaleza jurídico-pública debida al rey y que consistía en su alojamiento, el de su familia y su corte cuando viajaban por el reino. || **2.** *Hist.* Prestación personal de naturaleza jurídico-privada debida al señor en lugares de señorío cuando este se desplazaba por sus territorios a imitación del hospedaje real. || **3.** *Hist.* Pago sustitutorio de la prestación personal, tanto en realengo como en señorío.

**huelga** *Const.* y *Lab.* Derecho constitucional al abandono colectivo del puesto de trabajo como medio de presión para la defensa de los derechos laborales.

**hurto** *Pen.* Delito que comete quien, con ánimo de lucro, toma cosas muebles ajenas sin la voluntad de su dueño y sin hacer uso de violencia, intimidación o fuerza en las cosas.

# *i*

**iatrogenia** *Adm.* Condición física o mental adversa inducida en un paciente por efectos indeseables o lesivos de un tratamiento.

**idoneidad 1.** *Gral.* Cualidad de idóneo, adecuado o apropiado para algo. || **2.** *Proc.* Nota característica del procedimiento de medidas cautelares, en cuya virtud se adoptarán aquellas medidas cautelares que conduzcan a la finalidad de garantizar la efectividad de la sentencia estimatoria.

**ignorancia de la ley** *Gral.* Principio según el cual la ignorancia de la ley no excusa su cumplimiento.

**imprescriptibilidad 1.** *Pen.* Característica de aquellas infracciones penales que pueden ser perseguidas y castigadas sin sometimiento a plazo. || **2.** *Int. púb.* Condición de determinados crímenes internacionales que, por su especial gravedad, pueden ser objeto de investigación y enjuiciamiento sin ninguna limitación temporal en cuanto al ejercicio de la acción penal contra sus autores. || **3.** *Adm.* Imposibilidad de que sea objeto de prescripción adquisitiva un bien de dominio público.

**improcedente 1.** *Gral.* Dicho de una solicitud o decisión: Que no tiene en consideración los hechos o que se plantea ante un órgano no competente. || **2.** *Proc.* Dicho de una prueba: Que el órgano judicial no considera necesario admitir o practicar para la demostración de hechos controvertidos.

**improrrogabilidad de los plazos** *Proc.* Principio o característica de los plazos procesales que impide su prolongación.

**imprudencia** *Pen.* Infracción o incumplimiento del deber objetivo general de cuidado, prudencia o diligencia.

**impuesto** *Fin.* Tributo exigido sin contraprestación en virtud de la capacidad económica puesta de manifiesto por el contribuyente, como consecuencia de determinados hechos, actos o negocios jurídicos previstos en el hecho imponible delimitado por la ley.

**impugnación 1.** *Gral.* Formalización de un recurso contra una resolución administrativa o judicial o de una demanda frente a determinada actuación de un sujeto público o privado. || **2.** *Proc.* Formalización por la parte recurrida de su oposición a un recurso. || **3.** *Proc.* Negación por una de las partes de la validez y los efectos del documento aportado al proceso por la otra parte.

**impulso procesal** *Proc.* Actividad necesaria para que el proceso se desarrolle y avance en sus distintas fases.

**imputabilidad 1.** *Adm.* Capacidad de la persona de actuar con culpabilidad en el derecho administrativo sancionador. || **2.** *Gral.* Cualidad de imputable. || **3.** *Pen.* Posibilidad de imputación. || **4.** *Adm.* Requisito para que pueda reclamarse a la Administración pública responsabilidad patrimonial por sus decisiones.

**imputado, da 1.** *Pen.* y *Proc.* Persona a la que se atribuye formalmente un acto punible y a la que se le otorga el derecho de defensa pleno en el procedimiento penal por recaer sobre ella indicios derivados de una investigación en marcha que, si luego son confirmados, darán paso a la figura del acusado. || **2.** *Adm.* Persona a la que se acusa de la comisión de una infracción administrativa y contra la que se inicia un procedimiento administrativo sancionador.

**inactividad de la Administración** *Adm.* Omisión por la Administración pública de cualquier actividad jurídica o material legalmente debida y materialmente posible.

**inadecuación del procedimiento 1.** *Proc.* Indebida elección de la clase de proceso o modalidad a seguir para la tramitación del pleito. || **2.** *Adm.* y *Proc.* Trámite procesal en el que se decide si procede seguir el procedimiento de protección jurisdiccional de derechos fundamentales o bien el procedimiento ordinario o el abreviado, en razón de que se denuncie o no la vulneración de un derecho fundamental de la persona.

**inadmisión** *Proc.* Rechazo de un recurso, pretensión o documento que no reúne los requisitos mínimos para ser tomado en consideración por el juez o tribunal.

**inalienabilidad 1.** *Gral.* Cualidad de inalienable. || **2.** *Gral.* Condición de un bien o derecho que determina que sea innegociable, no pudiendo su titular ser privado del mismo. || **3.** *Adm.* Imposibilidad de enajenar los bienes de dominio público.

**incapacidad 1.** *Civ.* Carencia de aptitud legal para ejecutar válidamente determinados actos. || **2.** *Adm.* y *Lab.* Condición inhabilitante para desempeñar temporal o permanentemente el puesto de trabajo o para realizar las funciones propias del puesto o cargo público, que puede convertirse en causa de suspensión o terminación de la relación laboral o funcionarial y justificación de la prestación correspondiente. || **3.** *Lab.* Prestación por invalidez.

**incautar** *Gral.* Privar a alguien de alguno de sus bienes en ejecución de una garantía o como consecuencia de la relación de estos con un delito, falta o infracción administrativa.

**incidente** *Proc.* Cuestión distinta del principal asunto de un juicio, pero relacionada con él, que se ventila y decide por separado, suspendiendo a veces el curso de aquel.

**incidente de nulidad** *Proc.* Escrito que excepcionalmente plantean los legitimados para interesar la nulidad de actuaciones cuando la resolución dictada haya puesto fin al procedimiento y no sea susceptible de recurso.

***in claris non fit interpretatio*** *Gral.* 'En las cosas claras no se hace interpretación'.

**incólume** *Gral.* Que no ha sufrido daño.

**incomparecencia de las partes** *Can.* No comparecencia o ausencia ante el llamamiento judicial.

**incongruencia** *Proc.* Infracción procesal en que incurre una sentencia o cualquier resolución judicial cuando no existe adecuación, correlación y armonía entre las peticiones de tutela realizadas por las partes y lo decidido en el fallo por conceder este más, menos, o cosa distinta de lo pedido.

**incongruencia *extra petita*** *Proc.* Vicio de la sentencia que se produce cuando el órgano judicial concede algo no pedido o se pronuncia sobre una pretensión que no fue oportunamente deducida por los litigantes e implica un desajuste o inadecuación entre el fallo o la parte dispositiva de la resolución judicial y los términos en que las partes formularon sus pretensiones.

**inconstitucionalidad 1.** *Const.* Vicio o defecto de una norma o resolución que quebranta la letra o el espíritu de la Constitución. || **2.** *Const.* Procedimiento a través del cual el Tribunal Constitucional evalúa si una norma con rango de ley es contraria a la Constitución.

***incoterm*** *Int. priv.* Cada uno de los términos de tres letras, elaborados por la Cámara de Comercio Internacional, que reflejan las normas de aceptación voluntaria por las partes de un contrato de compraventa acerca de las condiciones, entre otras, de entrega, transporte, exportación e importación de las mercancías vendidas.

**incumplimiento de contrato 1.** *Gral.* Vulneración de lo estipulado en un contrato por una o ambas partes. || **2.** *Mil.* Modalidad de delito contra la Hacienda en el ámbito militar cometido por quien, en tiempo de guerra o estado de sitio, habiendo contratado con la Administración militar, deja de cumplir en su integridad las obligaciones contraídas o las cumple en condiciones defectuosas que desvirtúan o impiden la finalidad del contrato.

**indefensión** *Adm.* y *Proc.* En un procedimiento administrativo o judicial, situación en que se coloca a quien se impide o se limita indebidamente la defensa de su derecho, anulando o restringiendo, total o parcialmente, sus oportunidades de defensa.

**indemnización 1.** *Gral.* Compensación económica destinada a reparar un perjuicio o una lesión provocados por el legislador, un órgano judicial, la Administración pública o por un sujeto privado. || **2.** *Adm.* Dieta o concepto retributivo consistente en la compensación de un gasto en que se incurre en interés del servicio. || **3.** *Int. púb.* En la responsabilidad internacional, modo de reparación consistente en pagar una suma correspondiente al valor que tendría la restitución en especie.

**independencia judicial** *Const.* y *Proc.* Uno de los principios básicos que garantizan el buen funcionamiento de la Administración de Justicia y que exige que el juez no esté sometido a voluntad alguna distinta de la de la ley.

**indignidad para suceder** *Civ.* Incapacidad para suceder por testamento en que incurren aquellos que, en síntesis, hayan cometido malos tratos contra el causante de la herencia o lo hayan coaccionado en el otorgamiento del testamento.

***in dubio pro reo*** **1.** *Gral.* 'En caso de duda, a favor del reo'. || **2.** *Adm.* Regla específica de valoración de la prueba favorable al acusado que obliga a la Administración a no sancionarlo en caso de que dude entre dos pruebas suficientes, de cargo y de descargo, que le merezcan la misma credibilidad.

**inducción al suicidio** *Pen.* Delito consistente en inducir o determinar a otra persona a que se suicide.

**indulto 1.** *Pen.* Medida de gracia que puede adoptar el Consejo de Ministros por la que se dispone la remisión de todas o de alguna de las penas impuestas al condenado por sentencia judicial firme. || **2.** *Can.* Favor o gracia concedido por un superior, o una autorización.

**ineficacia del acto procesal** *Proc.* Falta de producción de los efectos propios de un acto procesal por nulidad del mismo.

**ineficacia del contrato** *Gral.* Carencia de efectos jurídicos de un contrato por invalidez, rescisión, mutuo disenso, desistimiento o revocación unilateral.

**inembargabilidad** *Adm.* Privilegio de determinados recursos y bienes que no pueden ser objeto de embargo.

***in extremis*** *Gral.* En los últimos instantes de una situación peligrosa o comprometida.

**inflación** *Gral.* Elevación general y continuada del nivel de precios de consumo y de los activos.

**información clasificada** *Gral.* Información relativa a materia clasificada como secreta o confidencial, cuya revelación puede causar perjuicio al titular de la información, especialmente si se trata de información que puede afectar a la seguridad del Estado.

**información pública** *Adm.* En el procedimiento administrativo, especialmente en el de elaboración de una norma, un plan o cualquier otro instrumento de ejecución urbanística, trámite que permite la participación de cualquier persona para presentar alegaciones y proponer modificaciones antes de la resolución que ponga fin al procedimiento.

**infracción administrativa** *Adm.* Acción u omisión típica, antijurídica y culpable para la que el ordenamiento jurídico prevé la imposición de una sanción administrativa.

**ingreso indebido** *Fin.* Ingreso en el Tesoro Público que no se debió producir, reconociéndolo así un acto administrativo o una resolución administrativa o sentencia judicial firme, y que supone el derecho del obligado tributario que lo efectuó a su devolución con abono del interés de demora.

**inhábil 1.** *Adm., Proc.* y *Lab.* Dicho de un día u otro período de tiempo: Que no es apto para la realización de actividades administrativas o judiciales. || **2.** *Adm.* En cinegética, dicho de un día o de una época: No legal para una determinada modalidad, especie o pieza de caza.

**inhabilitación 1.** *Gral.* Restricción a la capacidad de obrar de una persona que consiste en la privación de un derecho o la suspensión de su ejercicio, impuesta por la ley o como sanción a raíz de la comisión de un hecho antijurídico. || **2.** *Civ.*; *Ven.* Limitación de la capacidad de obrar que afecta al débil de entendimiento cuyo estado no sea tan grave que dé lugar a la interdicción, y al pródigo, así como al sordomudo, al ciego de nacimiento o al que hubiera cegado durante la infancia, llegados a la mayor edad, a menos que el Tribunal los haya declarado hábiles para manejar sus negocios.

**inhibitoria 1.** *Proc.* En caso de conflicto positivo de competencia, requerimiento dirigido por un juez o tribunal a otro que esté conociendo de un asunto para que deje de hacerlo. || **2.** *Proc.* Incidente que se promueve ante el tribunal que la parte estima competente pidiéndole que se dirija al tribunal incompetente que está conociendo del asunto para que se inhiba y le remita los autos.

**iniciativa legislativa 1.** *Const.* Potestad para iniciar el procedimiento de elaboración de las leyes, que corresponde ordinariamente al Gobierno, al Congreso y al Senado. || **2.** *Eur.* Poder de iniciar un procedimiento legislativo en ámbitos de competencia de la Unión Europea, que corresponde con carácter general a la Comisión, salvo lo dispuesto en el Tratado de Funcionamiento de la Unión Europea. || **3.** *Eur.* Clásica atribución de la Comisión Europea que le permite presentar una propuesta en los casos previstos en los tratados e iniciar un procedimiento normativo, legislativo o no legislativo.

**injerencia 1.** *Gral.* Intromisión, actuación sin habilitación ni título en un negocio o competencia ajenos. || **2.** *Pen.* Actuación del sujeto que con su conducta anterior imprudente o incluso fortuita pone en peligro un bien jurídico y a continuación omite salvarlo de ese peligro que ha creado.

**injuria** *Pen.* Acción o expresión que lesiona la dignidad de otra persona, menoscabando su fama o atentando contra su propia estimación.

**inmatriculación** *Civ.* Primera inscripción de una finca en el Registro de la Propiedad.

**inmediación judicial** *Pen.* y *Proc.* Principio procesal que exige que las pruebas se practiquen en presencia de un juez o un tribunal.

**inmovilización de vehículo** *Adm.* Medida que pueden adoptar los agentes de la autoridad encargados de la vigilancia del tráfico y que consiste en bloquear un vehículo cuando supone un riesgo grave para la circulación.

**inmunidad 1.** *Civ.*, *Const.* y *Pen.* Exención de responsabilidad civil o penal de que gozan determinados sujetos por razón del cargo que ocupan o de su condición de agentes de un Estado extranjero. || **2.** *Parl.* En sentido amplio, conjunto de las instituciones de garantía típicamente parlamentarias, como las prerrogativas de inviolabilidad, inmunidad y fuero, y, en general, de las garantías y exenciones de otros cargos y funciones públicos, las exenciones de control jurisdiccional de ciertas materias o actos públicos e, incluso, las exenciones particulares del derecho privado común. || **3.** *Pen.* Conjunto de obstáculos procesales a la detención, perseguibilidad y enjuiciamiento penal de los delitos cometidos por determinadas personas. || **4.** *Hist.* Durante la Edad Media, situación jurídica en la que se encontraba una persona a la que el rey había concedido un privilegio personal para que tanto él como sus bienes estuvieran exentos del pago de tributos y otras prestaciones, así como libertad para transitar por el reino.

**inoficioso, sa** *Civ.* Dicho de un acto de última voluntad, de una dote o de una donación: Que lesiona los derechos de herencia forzosa.

**inspección** *Adm.*, *Eur.* y *Fin.* Actividad de control de los productos, las instalaciones, los procesos y los servicios con la finalidad de comprobar el grado de cumplimiento de los requisitos obligatorios o voluntarios que les sean de aplicación.

**instancia 1.** *Proc.* Procedimiento judicial completo seguido desde su inicio hasta su terminación, ya sea ante el juez o tribunal competente para hacerse cargo del asunto (primera instancia), ya en apelación ante el tribunal superior en caso de que haya sido interpuesto recurso ordinario (segunda instancia). || **2.** *Proc.* Primera instancia. || **3.** *Pen.* y *Proc.*; *Par.* **querella.**

**institución de heredero** *Civ.* Nombramiento o designación que el testador hace de la persona o personas que han de sucederle en sus bienes y obligaciones a título universal con ocasión de su fallecimiento.

**Instituto Nacional de Seguros (INS)** *Adm.*; *C. Rica* Institución autónoma aseguradora del Estado que está autorizada para desarrollar actividad aseguradora y reaseguradora.

**insurrección** *Gral.* Rebelión armada para derribar por la fuerza al Gobierno establecido o para separar una parte del territorio de un Estado a fin de integrarlo en otro o constituir uno nuevo y que puede calificarse como un conflicto armado interno si cumple ciertas condiciones conforme al derecho internacional.

**intercesión** *Gral.* Acción de hablar a favor de alguien para conseguirle un bien o librarle de un mal.

**interdicción de la arbitrariedad** *Adm.* Principio que estima contraria a derecho cualquier decisión de los poderes públicos que carezca de fundamento suficiente, infrinja principios a los que deben estar sometidas las potestades públicas, incurra en manifiesto error de hecho o esté adoptada de acuerdo con razonamientos inaceptables por su incoherencia por no considerar otras opciones más favorables o porque conducen a resultados absurdos.

**interdicto** *Proc.* Procedimiento judicial de carácter sumario orientado a la tutela de la posesión.

**interés casacional 1.** *Proc.* Requisito de admisibilidad del recurso de casación civil consistente en el hecho de oponerse la sentencia recurrida a la doctrina jurisprudencial del Tribunal Supremo o resolver cuestiones sobre las que exista jurisprudencia contradictoria de las audiencias provinciales o aplicar normas que no lleven más de cinco años en vigor, siempre que, en este último caso, no exista doctrina jurisprudencial del Tribunal Supremo relativa a normas anteriores de igual o similar contenido. || **2.** *Proc.* Requisito de admisibilidad del recurso de casación contencioso-administrativo.

**interés de demora** *Gral.* Interés que debe abonar el deudor moroso.

**interés legal** *Proc.* Rédito o beneficio que, a falta de estipulación previa, señala la ley como producto de las cantidades que se está debiendo con esa circunstancia o en caso de incurrir en mora el deudor.

**interés legítimo 1.** *Proc.* Condición que reúne una persona para ser parte en el proceso y que consiste en tener interés personal, individual o colectivo distinto de la situación jurídica que otros ciudadanos pueden tener respecto de la misma cuestión. || **2.** *Eur.* Interés del responsable del tratamiento o de tercero, para cuya satisfacción se otorga validez al tratamiento de datos personales sin consentimiento de su titular, una vez efectuada la necesaria ponderación de derechos e intereses en juego, fundamentalmente del derecho a la vida privada y a la protección de datos personales. || **3.** *Const.* y *Proc.*; *Bol.*, *El Salv.*, *Guat.* y *Méx.* En el juicio de amparo, interés que tiene toda persona en que el poder público ajuste su actuación a la ley en tanto que con ello conserva un beneficio o evita un perjuicio cierto.

**internamiento 1.** *Pen.* Medida de seguridad privativa de libertad cuya imposición requiere que el delito cometido se castigue con pena de prisión. || **2.** *Int. púb.* En tiempo de guerra, confinamiento de personas protegidas en campamentos. || **3.** *Eur.* Confinamiento de un solicitante de asilo por un Estado miembro en un lugar determinado donde se priva al solicitante de la libertad de circulación.

**interposición 1.** *Adm.* y *Proc.* Acto procesal por medio del cual un interesado formula ante la jurisdicción contencioso-administrativa la petición de que se inicie el proceso. || **2.** *Proc.* Acto procesal por el que la parte interesada formaliza determinados recursos contra resoluciones judiciales, como el recurso de casación para la unificación de doctrina, el recurso de reposición o de reforma, etc. || **3.** *Proc.* Formalización del escrito posterior al de anuncio o de preparación en el que, en determinados recursos como el de casación, el recurrente debe exponer en motivos separados y tasados las razones de impugnación de la sentencia recurrida.

**interrogatorio de las partes** *Proc.* Medio procesal de prueba por el que cada parte puede solicitar del tribunal la declaración de las demás partes en el proceso, formulando preguntas sobre hechos y circunstancias de los que tenga noticia y que guarden relación con el objeto del proceso.

**interrogatorio de testigos** *Proc.* Medio de prueba que consiste en la formulación de preguntas a las personas, distintas de las partes, que tengan noticia de los hechos objeto del procedimiento.

**interrupción de la prescripción** *Civ.* Hecho o acto por el cual deja de transcurrir el tiempo útil para adquirir una cosa o derecho o extinguirse una deuda o derecho.

**intervención preceptiva de abogado** *Const.* y *Proc.* Necesaria comparecencia del litigante en el proceso bajo la dirección técnica de un abogado.

**intervención procesal** *Proc.* Incorporación a un proceso de quien no es parte siempre que acredite su interés legítimo en el mismo para actuar como parte demandante o demandada.

**invalidez 1.** *Gral.* Vicio jurídico que afecta a una norma, resolución, acto o contrato cuando no reúne las condiciones que exigen las leyes. || **2.** *Adm.* Situación patológica del acto administrativo o de una norma caracterizada por la vulneración del ordenamiento jurídico, ya infringiendo el principio constitucional de legalidad mediante la vulneración de las normas legales o reglamentarias, ya quebrantando el contenido sustantivo de algún precepto o las reglas formales que condicionan el ejercicio de la actividad administrativa.

**invariabilidad de sentencia** *Proc.* Característica de la sentencia después de firmada, que es invariable para el órgano que la dictó y que solo puede ser alterada por la vía de los recursos jurisdiccionales.

**investigado, da** *Pen.* y *Proc.* Persona sometida a investigación por su relación con un delito.

**inviolabilidad parlamentaria** *Pen.* Prerrogativa de que gozan los senadores y diputados respecto de las opiniones manifestadas en el ejercicio de sus funciones y, en virtud de la cual, no puedan ser sometidos a procedimiento alguno tanto por las referidas opiniones como por los votos que emitan en el seno de la cámara de que forman parte.

***ipso iure*** **1.** *Gral.* Por ministerio de la ley. || **2.** *Can.* Efecto jurídico atribuido por el mismo derecho a un determinado presupuesto, como, p. ej., a un hecho, una omisión, un acto jurídico, el transcurso del tiempo, etc.

**irretroactividad 1.** *Gral.* Principio jurídico que prohíbe la aplicación de una norma jurídica a supuestos de hecho producidos con anterioridad a su entrada en vigor. || **2.** *Pen.* Principio jurídico en virtud del cual solo se puede castigar un acto como delito si está considerado así por la ley vigente en el momento de su realización, y solo con las penas previstas en dicho momento. || **3.** *Const.*; *Ec.* Garantía que implica la aplicación de lo dispuesto por una norma jurídica solamente para lo venidero.

**irrogación** *Gral.* Acción de ocasionar perjuicios o daños.

***iura novit curia*** *Gral.* 'El tribunal conoce el derecho'. ● *Es un principio medieval de sentido similar a la regla* da mihi factum, dabo tibi ius *('dame el hecho y yo te daré el derecho'): las partes deben exponer los hechos sin necesidad de que ilustren al juez o tribunal sobre el derecho aplicable ya que lo conocen y tienen obligación de aplicarlo aunque no haya sido alegado.*

***iuris et de iure*** *Can.* Presunción de derecho y por derecho establecida por la ley y que exime a la parte de probar lo que se presume.

***iuris tantum*** *Can.* Presunción solo de derecho que ordena admitir como probado en juicio un hecho mientras no se tenga prueba de lo contrario.

***ius legationis*** *Int. púb.* **derecho de legación**.

***ius puniendi*** *Adm.* y *Pen.* Potestad del Estado para castigar mediante los dos sistemas represivos existentes en nuestro derecho: el derecho penal, aplicado por jueces y tribunales, y el derecho administrativo sancionador, aplicado por la Administración.

***ius variandi*** **1.** *Adm.* Potestad de la Administración para modificar, invocando razones de interés público, las condiciones no esenciales de un contrato mientras está siendo ejecutado por el contratista y aunque la modificación no estuviera prevista en el pliego. ‖ **2.** *Lab.* Facultad que corresponde al empresario para modificar el contenido de la prestación laboral en lo que se refiere a las funciones que debe realizar el trabajador.

**iusnaturalismo** *T. der.* Concepción filosófica que proclama una idea unitaria y global del derecho como conjunto de valores universales previos al derecho positivo en los que debe este inspirarse.

# j

**jefe, fa de Estado** *Const.* Suprema autoridad de un Estado.

**jerarquía normativa** *Gral.* Principio que determina la superioridad de rango de unas normas sobre otras y la consiguiente aplicación necesaria de la norma superior.

**jubilación** *Lab.* Retiro de un empleo público o privado una vez cumplidos ciertos requisitos de edad, tiempo de labor y aportes con derecho a percibir una remuneración periódica.

**jubilación anticipada** *Lab.* Modalidad de jubilación a la que se accede antes de haber alcanzado la edad que en cada caso resulte de aplicación.

**jubilación parcial** *Lab.* Modalidad de jubilación en la que se simultanea el percibo de una pensión de jubilación con un puesto de trabajo a tiempo parcial.

**judaísmo** *Can.* Religión del pueblo judío.

**juez 1.** *Adm.* Categoría de la carrera judicial, junto con las de magistrado y magistrado del Tribunal Supremo. || **2.** *Gral.* Miembro de un jurado o tribunal. || **3.** *Gral.* Persona con autoridad y potestad para juzgar y sentenciar.

**juicio 1.** *Proc.* Proceso, procedimiento jurisdiccional. || **2.** *Proc.* Acto procesal que tiene por objeto la práctica de las pruebas que requieren inmediación y que se cierra con la exposición de las conclusiones finales de las partes.

**juicio sumario** *Civ.* Juicio en el que el tribunal resuelve con limitación de conocimiento sobre una cuestión, teniendo las partes limitadas sus posibilidades de alegación o prueba, sin que la sentencia impida un juicio plenario ulterior.

**juicio verbal** *Civ.* Procedimiento civil para la solución de litigios en determinadas materias previstas en la ley y, en general, en asuntos de escasa cuantía.

**junta de propietarios** *Civ.* Asamblea de los propietarios de los inmuebles de una comunidad de vecinos.

**junta general** *Merc.* Órgano supremo de una sociedad en el que los socios o accionistas debidamente convocados deliberan y deciden, por la mayoría legal o estatutariamente establecida, sobre los asuntos propios de su competencia.

**jurado 1.** *Pen.* Institución a través de la cual ciudadanos legos en derecho participan en la Administración de justicia mediante la emisión, tras la celebración de un juicio oral, de un veredicto proclamando la culpabilidad o inculpabilidad del acusado. || **2.** *Gral.* Órgano colectivo que selecciona a los más cualificados entre varios candidatos a un premio, honor, distinción o empleo.

**juramento o promesa de acatamiento de la Constitución** *Const.* Requisito para la toma de posesión de cargos electos consistente en la expresión formal de su compromiso de realizar sus funciones de acuerdo con la norma fundamental.

**jurisdicción civil** *Civ.* Conjunto de órganos jurisdiccionales encargados de examinar los litigios que versan sobre materias propias del derecho privado (derecho civil y mercantil), así como aquellos otros cuyo conocimiento no venga expresamente atribuido a otro orden jurisdiccional.

**jurisdicción contencioso-administrativa** *Adm.* Organización judicial especializada en la resolución de las controversias en las que es parte la Administración pública o que versan sobre actos y decisiones adoptadas por órganos de naturaleza administrativa.

**jurisdicción inmobiliaria** *Civ.* y *Proc.*; *R. Dom.* Órgano con competencia exclusiva para conocer de todo lo relativo a los derechos inmobiliarios y su registro en la República Dominicana.

**jurisdicción militar 1.** *Mil.* Potestad integrada en el Poder Judicial del Estado a través de la que se administra justicia por medio de los órganos judiciales militares en el ámbito estrictamente castrense y en los supuestos de estado de sitio. || **2.** *Hist.* y *Proc.* Jurisdicción especial desarrollada durante el Antiguo Régimen para asuntos militares.

**jurisdicción penal** *Pen.* Potestad de administrar justicia en el ámbito penal según las normas de competencia y procedimiento que las leyes establezcan.

**jurisdicción social** *Lab.* Orden jurisdiccional que conoce privativamente de las materias sociales de derecho del trabajo y de Seguridad Social entre trabajadores y empresario y entre beneficiarios y entidades gestoras.

**jurisdicción voluntaria 1.** *Proc.* Conjunto de actuaciones atendidas por los órganos jurisdiccionales en relación con cuestiones jurídicas reguladas por el derecho civil o el derecho mercantil en las que, normalmente, no existe litigio o controversia entre las partes. || **2.** *Civ.*; *P. Rico* Conjunto de procedimientos con el fin de consignar y perpetuar un hecho que no sea objeto de una controversia judicial en ese momento y que no pueda resultar en perjuicio de una persona cierta y determinada.

**jurisprudencia 1.** *Gral.* Doctrina establecida de forma reiterada por el Tribunal Supremo o el Tribunal Constitucional al interpretar la Constitución y las leyes. || **2.** *Can.* Función iusdicente propia de los jueces.

**jurista** *Gral.* Persona que ejerce una profesión relacionada con el estudio o la aplicación del derecho o con su enseñanza.

**justicia 1.** *Gral.* Principio constitucionalmente consagrado como valor superior del ordenamiento jurídico en el que confluyen los de razonabilidad, igualdad, equidad, proporcionalidad, respeto a la legalidad y prohibición de la arbitrariedad, ya que, según los casos, se identifica con alguno de estos otros principios. || **2.** *Gral.* **Administración de Justicia**. || **3.** *Gral.* **poder judicial**. || **4.** *Gral.* Ministerio competente en materia de administración de justicia. || **5.** *Gral.* Tutela judicial o amparo que se obtiene de los jueces y tribunales. || **6.** *Hist.* y *Proc.* Durante la Alta Edad Media, oficial que tuvo fundamentalmente funciones auxiliares de la administración de justicia, sin jurisdicción.

**justicia gratuita** *Proc.* Institución que permite que toda persona que acredite insuficiencia de recursos económicos para litigar pueda intervenir en los procesos judiciales con exención o reducción significativa de los gastos que conllevan.

**justiprecio 1.** *Adm.* Indemnización que el beneficiario de la expropiación tiene que pagar al expropiado. || **2.** *Proc.*; *Chile* Tasación que debe hacer el tribunal en los negocios no contenciosos.

**justo título** *Gral.* Documento que sirve de fundamento legal para el ejercicio de un derecho.

**Juzgado Central de lo Contencioso-Administrativo** *Adm.* y *Proc.*; *Esp.* Órgano judicial unipersonal del orden jurisdiccional contencioso-administrativo con sede en la villa de Madrid y que extiende su competencia a todo el territorio nacional.

**juzgado de guardia** *Proc.* Juzgado que presta el servicio de guardia.

**Juzgado de lo social** *Lab.* Órgano jurisdiccional unipersonal de primer grado de jurisdicción que conoce de la mayoría de los asuntos atribuidos al orden social, con recurso ulterior de suplicación como regla general ante un tribunal superior de justicia.

**juzgado de primera instancia** *Proc.* Órgano jurisdiccional unipersonal con competencia en materias propias de la jurisdicción civil y que ejerce su jurisdicción en todo el territorio de su partido judicial.

**juzgado de vigilancia penitenciaria** *Pen.*; *Esp.* Órgano judicial unipersonal que ejerce las funciones previstas en la legislación penitenciaria en materia de ejecución de las penas privativas de libertad.

# l

**laguna normativa** *Gral.* Inexistencia de regulación para un supuesto de hecho que no ha sido contemplado por el ordenamiento.

**laico, ca 1.** *Can.* Cristiano que no es miembro del clero. || **2.** *Can.* Fiel que está caracterizado por la secularidad por estar llamado por Dios a vivir su sacerdocio común en el mundo, ordenando según el querer de Dios las cosas temporales.

**lanzamiento 1.** *Gral.* Ejecución forzosa de una resolución judicial que priva a una persona de la posesión de un inmueble. || **2.** *Gral.* Acción y efecto de lanzar o lanzarse. || **3.** *Gral.* Acción de presentar un producto nuevo en el mercado.

***lato sensu*** *Gral.* En sentido amplio.

**laudo arbitral 1.** *Lab.* Decisión de un árbitro como medio de resolución de conflictos alternativo al proceso judicial y que se sigue en ciertas materias por elección de las partes o por disposición legal.

**legado 1.** *Civ.* Disposición testamentaria por la que el legatario sucede al testador en bienes y derechos concretos. || **2.** *Fin.* En el derecho tributario, incremento de patrimonio que se produce como consecuencia de la adquisición de bienes y derechos por el legatario y que constituye uno de los títulos sucesorios comprendidos en el hecho imponible del impuesto de sucesiones y donaciones. || **3.** *Gral.* Representante o delegado. || **4.** *Can.* Eclesiástico que representa al papa y ejerce facultades delegadas del mismo. || **5.** *Can.* Liberalidad o disposición patrimonial gratuita, que no requiere contraprestación por parte del legatario. || **6.** *Hist.* En la antigua Roma, jefe provincial o de cada legión o asesor del procónsul.

**legatario, ria** *Gral.* Persona natural o jurídica favorecida por el testador con una o varias mandas a título singular.

**legislatura 1.** *Parl.* Período temporal para el que es elegida la cámara y que se extiende desde las elecciones o sesión constitutiva hasta la disolución anticipada o por fecha de expiración del mandato. || **2.** *Parl.*; *Chile* Período anual de sesiones del Congreso Nacional, que se extiende entre el 11 de marzo de cada año y el 10 de marzo del año siguiente.

**legítima** *Civ.* Parte de la herencia sobre la que tienen derecho determinados herederos designados por la ley y sobre la que no tiene el testador libertad de disposición.

**legítima defensa 1.** *Pen.* Causa de justificación que ampara a quien actúa impidiendo o repeliendo una agresión ilegítima y actual a sus bienes jurídicos o los de un tercero de un modo racionalmente necesario. || **2.** *Int. púb.* Derecho de los Estados a emplear la fuerza cuando son objeto de un ataque armado, con carácter individual o colectivo, en este caso mediante solicitud del Estado víctima o previa concertación para repelerlo. || **3.** *Int. púb.* Circunstancia excluyente de la ilicitud fundada en el derecho del mismo nombre. || **4.** *Adm.* Causa de justificación que excluye la antijuridicidad de la conducta constitutiva de infracción cuando se obra en defensa de derechos propios o ajenos y concurren determinadas circunstancias. || **5.** *Can.* Exención de responsabilidad a favor de quien se defiende de una agresión ilegítima contra sí mismo o contra un tercero siempre que guarde la debida moderación en la defensa.

**legitimación** *Proc.* Capacidad procesal para poder actuar como parte activa o pasiva en un proceso, determinada por la relación en que se encuentra la persona con el objeto litigioso.

**lengua oficial 1.** *Gral.* Lengua que emplea un Estado para la publicación de sus instrumentos legales y sirve, a la vez, como medio de comunicación de los connacionales. || **2.** *Proc.* Idioma o lengua en que debe realizarse un acto procesal para producir plenos efectos.

**lesión 1.** *Pen.* Consecuencia de algunos delitos de lesiones que consiste en un menoscabo para la salud física o mental. || **2.** *Adm.* y *Civ.* Perjuicio antijuridico.

**letra de cambio** *Merc.* Título valor formal, literal, que incorpora una orden de pago dirigida al librado y la promesa u obligación abstracta de pagar a su poseedor legítimo a su vencimiento una suma determinada de dinero, vinculando para ello solidariamente a todos los firmantes.

**letrado, da de la Administración de Justicia** *Proc.* Funcionario público integrado en un cuerpo superior jurídico, único, de carácter nacional, al servicio de la Administración de Justicia, que depende del Ministerio de Justicia, ejerce sus funciones con el carácter de autoridad y ostenta la dirección de la oficina judicial.

**levantamiento de cadáver** *Pen.* y *Proc.* Diligencia de instrucción que practica el juez cuando se descubre una persona fallecida y es preciso incoar un proceso penal para determinar las circunstancias del fallecimiento por tratarse de una muerte violenta o sospechosa de criminalidad.

**levantamiento del velo** *Adm.*, *Civ.* y *Merc.* Técnica judicial de origen anglosajón consistente en desconocer a la persona jurídica que era el sujeto pasivo de una determinada norma jurídica, levantando o descorriendo el «velo» o «pantalla» que ella representa, para actuar frente al sustrato real de las personas situadas tras ella con el fin de aplicarles directamente las normas legales que han sido defraudadas.

**LexNET** *Proc.; Esp.* Sistema de notificaciones electrónicas judiciales.

**ley 1.** *Gral.* Norma dictada por el Parlamento o las Cortes, aprobada con ese nombre y siguiendo el procedimiento legislativo establecido en los reglamentos de las cámaras, que contiene mandatos y ocupa una posición jerárquica inmediatamente inferior a la Constitución y superior a las demás normas. || **2.** *Adm.* Proporción en peso en que el metal precioso puro entra en una aleación.

**Ley de Presupuestos Generales del Estado** *Const.*; *Esp.* Ley que aprueba anualmente el poder legislativo a propuesta del Gobierno para cada ejercicio, autorizando la totalidad de los gastos e ingresos del sector público estatal.

**ley modelo** *Gral.* Texto legislativo que suele ser adoptado por lo general en el seno de una conferencia internacional y que se recomienda a los Estados para su incorporación al derecho interno.

**ley penal en blanco** *Pen.* Norma penal que, al describir la conducta constitutiva de delito, remite en parte a normas reglamentarias o de rango inferior a la ley orgánica.

**ley singular 1.** *Adm.* y *Const.* Ley autoaplicativa, que supone una actividad típicamente ejecutiva, de aplicación de la norma al caso concreto. || **2.** *Adm.* y *Const.* Ley que tiene un destinatario único. || **3.** *Gral.* Ley dictada en atención a un supuesto de hecho concreto y singular, que agota su contenido y eficacia en la adopción y ejecución de la medida tomada por el legislador ante ese supuesto de hecho, aislado en la ley singular y no comunicable con ningún otro.

**libelo 1.** *Const.* y *Pen.* Libro pequeño escrito para criticar o difamar a una persona. || **2.** *Gral.* Escrito falso y difamatorio. || **3.** *Hist.* Escrito de repudio de la mujer por su marido.

**libertad condicional 1.** *Pen.* Última fase de ejecución de la pena de prisión que permite cumplir la pena en régimen de libertad, sometida a la condición de no delinquir durante su duración y al cumplimiento de ciertas reglas de conducta. || **2.** *Pen.* Último grado de clasificación penitenciaria.

**libertad de cátedra** *Adm.* Derecho fundamental de los profesores y una de las manifestaciones de la libertad de enseñanza, así como concreción específica de la libertad de expresión, que supone la posibilidad que tienen los docentes de exponer la materia que deben impartir con arreglo a sus propias convicciones —siempre con cumplimiento de los programas establecidos— y a las competencias de los diversos órganos que tienen atribuida la organización de la docencia —como los departamentos en la enseñanza universitaria—, en el bien entendido de que estas sean ejercidas de forma adecuada.

**libertad de circulación 1.** *Const.* y *Eur.* Libertad para ir y venir en el espacio territorial de un Estado, en el tiempo y forma que cada persona considere conveniente, incluyendo el derecho a salir del territorio estatal. || **2.** *Eur.* Libertad europea esencial que prohíbe cualquier acto estatal susceptible de dificultar el movimiento de personas.

**libertad de comercio** *Gral.* Derecho a desarrollar actividades comerciales sin obstáculos ni privilegios por parte del Estado.

**libertad de comunicación, expresión, información y prensa 1.** *Const.* Libertad que comprende las facultades que puede ejercer un ciudadano como titular del derecho a la comunicación y que comprende la libertad de expresar y difundir libremente los pensamientos, ideas y opiniones mediante la palabra, el escrito o cualquier otro medio de reproducción, la libertad de producción y creación literaria, artística, científica y técnica, la libertad de cátedra y la libertad de comunicar libremente información veraz por cualquier medio de difusión. || **2.** *Const.* Emisión de juicios personales y subjetivos, creencias, pensamientos, ideas y opiniones.

**libertad de conciencia** *Can.* Facultad de tener y manifestar las convicciones interiores que fundamentan los actos personales —obrar o no obrar, hacer esto o aquello, ejecutar por sí mismo acciones deliberadas—, de acuerdo con el juicio de la propia razón por el que se reconoce la cualidad moral de tales acciones, sin ser inquietado por los demás o por la autoridad pública.

**libertad de culto** *Can.* y *Const.* Libertad para practicar solo o en grupo los actos propios de la religión profesada.

**libertad de enseñanza** *Adm.* Derecho que comprende la libertad de cátedra, la libertad de creación de centros docentes y el derecho de los padres a elegir la formación religiosa y moral que deseen para sus hijos.

**libertad de residencia 1.** *Const.* Derecho de cada persona para decidir el lugar donde vivir dentro de un Estado. || **2.** *Const.* Libertad típica del ámbito de actuación de la Unión Europea que prohíbe cualquier acto estatal susceptible de dificultar a cualquier persona establecerse personal o profesionalmente en el espacio territorial de la Unión Europea.

**libertad ideológica 1.** *Const.* Libertad de profesar, expresar y difundir las propias convicciones personales. || **2.** *Const.* Derecho a no hacer públicas las propias convicciones. || **3.** *Const.* Libertad que refuerza el ejercicio de la libertad de expresión y de otras. || **4.** *Can.* Derecho humano fundamental que consiste en la posibilidad de adherirse libremente a una ideología o un conjunto de pensamientos estructurados como sistema.

**libertad provisional** *Pen.* Situación cautelar en la que se encuentra el imputado que, durante el proceso penal, no está en prisión preventiva, pero sí a disposición del juzgado, que, para asegurar su presencia ante él, puede imponerle determinadas obligaciones, entre ellas, la prestación de fianza.

**libertad religiosa 1.** *Const.* Libertad para profesar, expresar, enseñar y difundir las propias convicciones religiosas, filosóficas y morales de forma individual o colectiva. || **2.** *Const.* Derecho de las personas a no hacer públicas las convicciones religiosas, filosóficas o morales personales y a no ser obligadas a actuar de tal manera que tengan que revelarlas. || **3.** *Const.* Derecho humano fundamental que postula la libertad para autodeterminarse en materia religiosa, para adherirse libremente a una determinada religión o no adherirse a ninguna y para profesarla sin intromisiones en público o en privado e individual o colectivamente.

**libertad sexual** *Gral.* Facultad de la persona de autodeterminarse en el ámbito de su sexualidad.

**libertad sindical** *Lab.* Derecho de las personas a fundar sindicatos y a afiliarse al de su elección, así como derecho de los sindicatos a formar confederaciones y a fundar organizaciones sindicales internacionales o afiliarse a las mismas.

**libertad vigilada** *Pen.* Medida de seguridad que consiste en el sometimiento del condenado a control judicial mediante el cumplimiento de determinadas conductas.

**librado, da** *Merc.* Persona que ha de pagar el efecto cambiario.

**librador, ra** *Merc.* Emisor del efecto o autor de la declaración cambiaria fundamental, que, al tiempo que contiene una orden de pago dirigida al librado, crea a cargo del librador la responsabilidad cambiaria en vía de regreso.

**libre valoración de prueba 1.** *Adm.* y *Proc.* Criterio de valoración de la prueba que permite apreciarla según el libre convencimiento del órgano competente. || **2.** *Adm.* Regla de valoración de la prueba que rige en el procedimiento administrativo sancionador con carácter general.

**libro de familia** *Adm.* Documento expedido por el Registro Civil que certifica los hechos relevantes atinentes a una familia, como, en su caso, el matrimonio y, principalmente, el nacimiento o adopción de hijos, así como cualquier hecho que afecte a la patria potestad.

**libro registro** *Fin.* Documento de carácter obligatorio que deben cumplimentar las personas físicas y jurídicas que desarrollan actividades empresariales y profesionales y en el que se hacen constar los datos relevantes a efectos fiscales de su actividad, como ingresos, gastos, facturas expedidas, facturas recibidas y cualesquiera otros exigidos por la normativa de cada impuesto.

**licencia de obra** *Adm.* Licencia que verifica que un proyecto cumple con la normativa urbanística y que autoriza el inicio de las obras.

**licitador, ra** *Proc.* Persona que participa en la subasta ofreciendo un precio para adjudicarse el bien subastado.

**liquidación 1.** *Civ.* Conjunto de las operaciones preliminares a la partición de una indivisión. || **2.** *Fin.* Acto por el que se cuantifica el tributo que ha de pagar un contribuyente. || **3.** *Merc.* En las sociedades de capital, conjunto de operaciones que tienden a fijar el haber social divisible entre los socios. || **4.** *Merc.* Venta de carácter excepcional y de finalidad extintiva de determinadas existencias de productos que, anunciada con esta denominación u otra equivalente, tiene lugar en ejecución de una decisión judicial o administrativa o es llevada a cabo por el comerciante o por el adquirente por cualquier título del negocio de aquel en los determinados casos. || **5.** *Lab.*; *Arg.*, *Col.*, *Hond.* y *R. Dom.* Pago que el empleador, con ocasión de la terminación del contrato de trabajo, efectúa al trabajador de las indemnizaciones del preaviso cuando no se ha cumplido y del auxilio de cesantía, así como de las vacaciones no disfrutadas y de la proporción correspondiente de la regalía pascual. || **6.** *Merc.*; *Chile* Determinación en dinero del valor y monto total de una deuda.

**lista electoral 1.** *Const.* Relación nominal de candidatos presentados por una fuerza política en una determinada circunscripción. || **2.** *Arg.* **censo electoral.**

**lista Robinson** *Gral.* Servicio de exclusión publicitaria cuyos integrantes quieren dejar de recibir publicidad por correo electrónico, por correo postal, por teléfono o por fax.

**litis** *Gral.* Pleito.

**litisconsorcio** *Proc.* Pluralidad de partes que intervienen en el proceso desde su inicio, como actores o demandados, para ejercitar o serles reclamada una pretensión que les afecta directa o indirectamente.

**litisconsorcio necesario** *Proc.* Pluralidad de partes cuya actuación conjunta en el proceso constituye una obligación establecida en la ley o por la naturaleza de la relación jurídica en discusión y cuyo cumplimiento es un presupuesto obligatorio del proceso.

**litisconsorcio voluntario** *Proc.* Pluralidad de partes que se constituye al inicio de un proceso por voluntad de los litigantes y no por exigencia legal, bien como demandantes, bien como demandados, cuando las acciones que se ejerciten provengan de un mismo título o causa de pedir.

**litispendencia** *Proc.* Excepción previa por existir entre las partes un juicio pendiente sobre la misma materia.

**localización permanente** *Pen.* Pena privativa de la libertad deambulatoria, de cumplimiento continuado o en fines de semana, por la que se obliga a un penado a permanecer en su domicilio o en el lugar que fije el juez en sentencia o posteriormente en auto motivado y que es una de las medidas que puede imponerse como ejecución de la libertad vigilada.

**lucro cesante** *Civ.* Ganancia o provecho que deja de reportarse a consecuencia de no haberse cumplido la obligación, de haberse cumplido imperfectamente o de haberse retardado su cumplimiento.

# *m*

**magistrado, da 1.** *Adm.* Miembro de la carrera judicial con categoría superior a la de juez. || **2.** *Adm.*; *Col.* Empleado público que ejerce jurisdicción o autoridad. || **3.** *Gral.*; *Arg.* Persona que desempeña una función pública relevante, como, p. ej., el presidente de la República. || **4.** *Gral.*; *Arg.* **juez.** || **5.** desus. *Const.*; *Ec.* Juez de la Corte Nacional o de una corte provincial.

**malos tratos** *Pen.* Delito consistente en ejercer de modo continuado violencia física o psíquica sobre el cónyuge o las personas con quienes se tiene o ha tenido análoga relación de afectividad, o con las que se convive o están bajo la guarda del agresor.

**malversación** *Pen.* Conducta delictiva que lleva a cabo la autoridad o el funcionario público que, en el ejercicio de sus funciones, realiza una administración desleal del patrimonio público o se apropia indebidamente de objetos que forman parte de dicho patrimonio.

**mandamiento 1.** *Pen.* Acto de comunicación por el que el órgano judicial ordena la práctica de algún acto o diligencia a sujetos determinados. || **2.** *Proc.* Forma que adopta la petición de un órgano judicial a otro de grado inferior para que ejecute una diligencia judicial.

**mandante 1.** *Civ.* En el mandato, persona que encomienda al mandatario que la represente, preste un servicio o realice una actuación por su cuenta. || **2.** *Gral.* Representado, persona por encargo de quien se actúa.

**mandatario, ria** *Civ.* En el mandato, persona que acepta el encargo del mandante.

**mandato 1.** *Can.* y *Civ.* Representación o contrato por el que se obliga al mandatario a prestar algún servicio o hacer alguna cosa por cuenta o encargo del mandante. || **2.** *Gral.* Mandamiento, obligación establecida en una disposición o instrucción. || **3.** *Gral.* Cargo para el que alguien es designado durante un tiempo determinado. || **4.** *Int. púb.* Régimen jurídico establecido en el artículo 22 del Pacto de la Sociedad de Naciones por el que se confiaba la tutela de las colonias que hasta entonces pertenecían al Imperio alemán o al otomano a una potencia aliada para que asegurase su bienestar y su desarrollo, tareas que se calificaban como una misión sagrada de civilización.

**maquila 1.** *Fin.*; *Arg.*, *Ec.* y *Hond.* Método de producción regulado por un contrato, según el cual el contratante paga al fabricante una cantidad de dinero para que este transforme la materia prima que aquel le entrega. || **2.** *Merc.*; *Méx.* Régimen aduanero para la transformación, elaboración o reparación de mercancías, que tiene como objetivo principal incentivar su exportación y colocación en los mercados internacionales en forma más rápida y a precios competitivos.

**marca** *Merc.* Signo susceptible de representación gráfica que sirve para distinguir en el mercado los productos o servicios de una empresa de los de otras.

**mar territorial** *Int. púb.* Franja de mar que se extiende más allá de las aguas interiores o archipelágicas, situada entre las líneas de base y la zona económica exclusiva y que comprende no solo la columna de agua, sino el lecho y el subsuelo, así como el espacio aéreo suprayacente, sobre la que el Estado ribereño ejerce su soberanía de conformidad con el derecho internacional.

**mayorazgo** *Adm.*, *Civ.* e *Hist.* Institución que somete la propiedad a un régimen privilegiado para evitar su transmisión fuera de una determinada línea sucesoria.

**mayoría 1.** *Gral.* Parte mayoritaria de los miembros de un órgano o institución. || **2.** *Merc.* Porcentaje del capital social necesario para la adopción de acuerdos. || **3.** *Civ.* Edad establecida en las leyes a partir de la cual se obtiene la plena capacidad jurídica.

**mayoría absoluta 1.** *Merc.* Sistema de votación mediante el cual se requiere para aprobar una decisión más votos a favor que en contra de los socios o accionistas asistentes o representados. || **2.** *Adm.* Mayoría compuesta por la mitad más uno de los miembros que componen legalmente un órgano colegiado.

**mayoría simple** *Parl.* Expresión del voto en un mismo sentido de más de la mitad de los diputados presentes en una sesión siempre que exista *quorum*.

**mediación 1.** *Gral.* Procedimiento extrajudicial de resolución de conflictos en el que interviene un mediador para tratar de aproximar los puntos de vista de las partes en conflicto de modo que les permita alcanzar un acuerdo. || **2.** *Int. púb.* Procedimiento no jurisdiccional de arreglo de controversias internacionales en el que interviene un tercero presentando propuestas de arreglo sin carácter obligatorio y tratando de lograr el acuerdo entre las partes.

**medianería 1.** *Civ.* Contrato por el que el titular de una finca o una explotación cede su uso o disfrute, o el de alguno de sus aprovechamientos, ganado, maquinaria e instalaciones, conviniendo con el aparcero un reparto de los productos por partes proporcionales a sus respectivas aportaciones. || **2.** *Hist.* Contrato consensual, bilateral y oneroso, por el cual el dueño o aparcerista cede al aparcero un bien productivo o unos elementos de producción a cambio de recibir una parte de los frutos que produce o de las utilidades que le reporta.

**médico forense** *Pen.* Profesional de la medicina que auxilia técnicamente a los juzgados y tribunales en materias de su disciplina profesional.

**medida cautelar** *Proc.* Instrumento procesal de carácter precautorio que adopta el órgano jurisdiccional, de oficio o a solicitud de las partes, con el fin de garantizar la efectividad de la decisión judicial mediante la conservación, prevención o aseguramiento de los derechos e intereses que corresponde dilucidar en el proceso.

**medida de seguridad** *Pen.* Sanción penal que se aplica a un sujeto que es declarado criminalmente peligroso tras la comisión de un delito.

**medio ambiente** o **medioambiente** *Amb.* Conjunto de componentes físicos, químicos, y biológicos externos con los que interactúan los seres vivos.

**medio de prueba** *Proc.* Cada una de las diferentes actividades que tienen lugar en un proceso, a través de las cuales se introducen las fuentes u objetos de prueba para fijar como ciertos determinados hechos y que conducirán al juez a adquirir la certeza positiva o negativa de las afirmaciones de hecho que sostienen las partes.

**mejora 1.** *Civ.* Gasto útil. || **2.** *Civ.* Disposición del testador, que puede afectar a un tercio del caudal hereditario, que incrementa los derechos sucesorios de uno o varios de sus hijos u otros descendientes. || **3.** *Civ.*; *R. Dom.* Todo lo edificado, plantado o adherido a un terreno con carácter permanente que aumente su valor.

**mejora de embargo** *Proc.* Ampliación del embargo cuando un cambio de las circunstancias permite dudar de la suficiencia de los bienes ya embargados en relación con la exacción de la responsabilidad del ejecutado.

**menor de edad** *Gral.* Que no ha alcanzado la mayoría de edad.

***mens legislatoris*** *Can.* Intención o voluntad del legislador en el momento de crear una norma legal.

**miedo insuperable** *Pen.* Eximente que consiste en una causa de exculpación o de disculpa debida a una emoción o estado pasional de debilidad, inseguridad e indefensión que produce un intenso temor al daño amenazante e incluso angustia.

**miembro del Gobierno** *Const.* Persona que compone el Gobierno con categoría de presidente, de vicepresidente, de ministro o con aquella otra que establezca la ley.

**Ministerio Fiscal** *Const.*; *Esp.* Órgano de relevancia constitucional con personalidad jurídica propia, integrado con autonomía funcional en el Poder Judicial, que tiene por misión promover la acción de la justicia en defensa de la legalidad, de los derechos de los ciudadanos y del interés público tutelado por la ley, de oficio o a petición de los interesados, así como velar por la independencia de los tribunales y procurar ante estos la satisfacción del interés social.

**ministro, tra 1.** *Const.* Persona que ostenta la doble condición de miembro del Gobierno y jefe supremo de un departamento ministerial. || **2.** *Const.*; *Bol.*, *El Salv.*, *Guat.* y *Ur.* Secretario de Estado, agente superior del poder ejecutivo a quien le incumbe la gestión correspondiente a su respectiva Secretaría de Estado, con el cometido específico establecido en la Constitución y en la ley orgánica de dicha Secretaría. || **3.** *Proc.*; *Ur.* Juez de los tribunales de apelaciones, de la Suprema Corte de Justicia o del Tribunal de lo Contencioso-Administrativo. || **4.** *Proc.*; *Chile* Juez de los tribunales de apelaciones, de la Suprema Corte de Justicia o del Tribunal Constitucional.

**moción 1.** *Gral.* Propuesta o petición que se hace en una junta o reunión de personas para que se tome una decisión sobre ella. || **2.** *Parl.* Propuesta escrita o verbal, según corresponda, presentada por un diputado con el propósito de modificar un tema en debate o el procedimiento legislativo utilizado o de hacer una solicitud que es sometida al pleno y, en su caso, aprobada o no su procedencia.

**moción de censura 1.** *Gral.* Propuesta presentada y debatida en el Parlamento o las Cortes a efectos de exigir la responsabilidad política del Gobierno. || **2.** *Adm.* y *Const.* Proposición de destitución de un alcalde en ejercicio mediante elección de candidato al cargo presentada para su decisión en el pleno del ayuntamiento. || **3.** *Eur.* Procedimiento que permite al Parlamento Europeo ejercer el control político sobre la Comisión en su conjunto.

**modos de adquirir** *Civ.* Formas de adquisición del dominio y demás derechos reales.

***modus vivendi*** *Int. púb.* Tratado que contiene una regulación de carácter provisional.

**momento del nacimiento** *Civ.* Momento que coincide con el entero desprendimiento del seno materno.

**monarquía parlamentaria** *Const.* y *Parl.* Forma política del Estado en la que el rey es el jefe del Estado, pero sus actos son refrendados por el presidente del Gobierno y, en su caso, por los ministros competentes, los cuales se responsabilizan de dichos actos.

**monte** *Amb.* Terreno en el que, ya espontáneamente, ya por siembra o plantación, vegetan especies forestales arbóreas, arbustivas, de matorral o herbáceas que cumplen o pueden cumplir funciones ambientales, protectoras, productoras, culturales, paisajísticas o recreativas.

**monte de piedad** *Adm.* Institución de beneficencia y crédito creada a partir del modelo establecido en Perugia por el monje franciscano Bernabé de Terni en 1462.

**mora** *Gral.* Retraso en el cumplimiento de una obligación vencida, que conlleva el pago de intereses cuando la obligación consiste en el pago de una cantidad de dinero.

***more uxorio*** *Civ.* Dicho de la convivencia o unión estable: De hecho.

***mortis causa*** *Can.* Dicho de un acto de disposición o transmisión patrimonial de derechos reales o de crédito: Hecho entre sujetos jurídicamente capaces de transmitir y adquirir, y cuya eficacia está condicionada por el fallecimiento del causante.

**motivación de la sentencia** *Proc.* Exigencia derivada del derecho a la tutela judicial efectiva y consistente en el deber del juzgador de aportar las razones que sirven de fundamento a la decisión adoptada para la resolución de la controversia, constituyendo una garantía frente a la arbitrariedad.

**motivación de los actos administrativos** *Adm.* Obligación del órgano que adopta una decisión de incluir en ella una exposición sucinta de los hechos y fundamentos jurídicos en que se basa.

***motu proprio*** *Gral.* 'De propio movimiento'. ● *Referido, en general, a una decisión tomada por la propia iniciativa de quien tiene poder o facultad para ello, con libre voluntad.*

**multa coercitiva** *Adm.* Medio de ejecución forzosa que consiste en una carga económica que se impone al sujeto obligado por un acto administrativo previo que ha incumplido y que es reiterada, si es preciso, por lapsos de tiempo con el fin de inducirle a cumplir lo ordenado.

**multa de tráfico** *Adm.* Sanción que consiste en la obligación de pagar una cantidad de dinero a la Administración como consecuencia de la comisión de una infracción de tráfico.

**municipio 1.** *Adm.* y *Const.* Entidad local básica de la organización territorial del Estado, dotada de personalidad jurídica y plena capacidad para el cumplimiento de sus fines, que pertenece a una sola provincia, agrupación de municipios equivalente a esta o isla, y cuyos elementos componentes son el territorio o término, la población y la organización. || **2.** *Hist.* Entre los romanos, ciudad principal y libre que se gobernaba por sus propias leyes y cuyos vecinos podían obtener los privilegios y derechos de los ciudadanos de Roma.

***mutatio libelli*** *Proc.* Principio procesal en virtud del cual se prohíbe que los litigantes en un procedimiento judicial modifiquen o transformen la sustancia de sus peticiones o sus elementos sin ocasión para el adverso de oponerse a estas novedades con eficacia y en condiciones de igualdad.

# n

**nacionalidad 1.** *Gral.* Condición de la persona en cuanto componente de una comunidad nacional organizada en Estado. || **2.** *Gral.* Pertenencia o vinculación jurídica entre la persona y una determinada comunidad nacional. || **3.** *Gral.* Vínculo entre la persona y el Estado al que se haya sometido. || **4.** *Civ.* y *Merc.* Criterio resuntivo del reconocimiento y aplicación de la legislación de un determinado Estado a una sociedad. || **5.** *Int. púb.* Vínculo jurídico entre un Estado y una persona establecido mediante requisitos que pertenecen a la competencia doméstica del Estado, si bien la libertad de este está constreñida por el derecho internacional mediante las exigencias de efectividad y respeto de los derechos humanos.

**natural 1.** *Gral.* Dicho de un período de tiempo: Que incluye tanto los días hábiles como los inhábiles. || **2.** *Hist.* Dicho de la filiación: Referida a hijos habidos fuera del matrimonio. || **3.** *Hist.* Persona que ha nacido en el territorio de un reino y que por ello adquiere el vínculo de naturaleza con su rey o vínculo jurídico público a partir del cual es sujeto de derechos y obligaciones con su rey.

**naturalización por residencia** *Civ.* Procedimiento de adquisición de la nacionalidad tras haber residido de forma legal y continuada el interesado en el Estado durante un determinado período inmediatamente anterior a la solicitud.

**negacionismo** *Pen.* Delito de odio que comete quien niegue públicamente un delito de genocidio, de lesa humanidad o contra las personas y bienes protegidos en caso de conflicto armado.

**negligencia 1.** *Gral.* Omisión de la atención debida por inacción o descuido o por acción incorrecta, inadecuada o insuficiente. || **2.** *Can.* Desatención de las propias obligaciones o descuido en el cumplimiento de las reglas y normas sin que medie una directa voluntad de omitir o retardar la acción debida.

**negociación colectiva** *Lab.* Procedimiento de negociación voluntaria entre los empleadores y las organizaciones de empleadores, por una parte, y las organizaciones de trabajadores, por otra, con objeto de reglamentar por medio de contratos colectivos las condiciones de empleo.

**nocturnidad** *Pen.* Circunstancia agravante que consiste en el aprovechamiento de la noche y su oscuridad para cometer un delito con mayor facilidad por debilitar la posibilidad de defensa o con menor posibilidad de identificación o captura del delincuente.

***non bis in idem*** **1.** *Adm.* Garantía del ciudadano que consiste en la prohibición de perseguirlo o de sancionarlo dos veces por el mismo ilícito. || **2.** *Gral.* 'No dos veces por lo mismo'.

**norma de conflicto** *Int. priv.* Técnica primordial para la solución de los conflictos de leyes que consiste en determinar la aplicación de una determinada ley estatal a una determinada categoría o relación jurídica en razón de determinados criterios de vinculación, denominados puntos de conexión.

**normativismo** **1.** *T. der.* Corriente del pensamiento jurídico que concibe el derecho como un conjunto o sistema de normas. || **2.** *Int. priv.* Tendencia doctrinal que define la disciplina de derecho internacional privado en función del conflicto entre las normas de distintos ordenamientos y no en función de la existencia de una relación jurídica privada internacional.

**nota marginal** *Adm.* y *Civ.* Nota que acredita circunstancia que atañe a la inscripción principal y cuyo objeto es facilitar la mecánica del Registro de Aguas, no formando parte de la inscripción registral y, por tanto, no siendo tampoco objeto de certificación.

**notario**[1]**.** *Hist.* Inicialmente, oficial de la cancillería regia encargado de tomar las notas para la posterior redacción de los documentos reales, y que posteriormente tuvo función de fe pública, suplantando en ello las funciones de los escribanos.

**notario**[2]**, ria** *Gral.* Funcionario público y profesional independiente que desempeña a la vez funciones públicas y privadas, ejerciendo la fe pública notarial sobre la exactitud de los hechos de que es testigo y sobre la autenticidad y fuerza probatoria de las declaraciones de voluntad que se formalizan ante él en instrumento público y, además, asesorando sobre los medios jurídicos más adecuados para el logro de los fines lícitos que el consultante se propone alcanzar.

**notificación** **1.** *Adm.* Comunicación o puesta en conocimiento de una decisión administrativa que afecta a los derechos o intereses de cualquier persona física o jurídica. || **2.** *Int. púb.* Procedimiento de manifestación del consentimiento en obligarse por un tratado, por el cual los Estados se comunican el cumplimiento de sus formalidades constitucionales respectivas para concluirlo. || **3.** *Int. púb.* Comunicación, cualquiera que sea su denominación, realizada por un Estado sucesor por la que manifiesta su consentimiento en considerarse obligado por un tratado multilateral concluido por el Estado predecesor. || **4.** *Int. púb.* Puesta en conocimiento por un Estado a otro u otros de un hecho o acto al que pueden atribuirse consecuencias jurídicas. || **5.** *Proc.* Acto de comunicación que tiene por objeto dar noticia de un acto procesal o de una resolución a las partes del procedimiento. || **6.** *Pen.* Acto por el cual el órgano judicial pone sus resoluciones en conocimiento de los intervinientes en el proceso y que, en determinadas fases del procedimiento y respecto de determinados interesados y actuaciones, requiere que se haga personalmente. || **7.** *Adm.* y *Civ.*; *P. Rico* Documento que envía el secretario del tribunal a las partes para informarles de una sentencia, resolución, citación u otra instrucción del tribunal.

**novación** *Civ.* Sustitución de una obligación por otra o modificación de una obligación.

**nuda propiedad** *Civ.* Titularidad de un bien o derecho con limitación de las facultades inherentes al derecho de propiedad por corresponder la posesión a un tercero, el usufructuario.

**nulidad** **1.** *Gral.* Invalidez. || **2.** *Gral.* Invalidez, declarada por el órgano competente, de un acto, contrato, resolución o procedimiento, por concurrir alguna de las causas establecidas en las leyes. || **3.** *Gral.* Condición o vicio esencial de un acto, contrato, resolución o procedimiento que determina que pueda instarse contra él y prosperar una acción de nulidad.

***numerus clausus*** **1.** *Gral.* Limitación del número de plazas establecido por un organismo o una institución. || **2.** *Gral.* Carácter taxativo de los supuestos comprendidos en una norma.

# O

**obediencia debida 1.** *Pen.* Causa de justificación por realizar una conducta en principio típica obedeciendo debidamente una orden obligatoria de la autoridad. || **2.** *Lab.*; *Chile* Contrapartida de la facultad de dirección del empleador, consistente en la obligación del trabajador de reconocer el derecho de dirección del empleador, acatando las órdenes que este le imparta.

***obiter dictum*** *Proc.* Cuestión que se aborda en una resolución judicial de manera tangencial para corroborar o ilustrar la decisión que se toma, con la que no está, sin embargo, directamente relacionada.

**objeción** *Int. púb.* Declaración unilateral por la que un Estado u organización internacional contratante expresa su disconformidad con la reserva a un tratado formulada por otro.

**objeción de conciencia** *Const.* Derecho a oponer excepciones al cumplimiento de deberes jurídicos cuando este implique una contravención de las convicciones personales, ya sean religiosas, morales o filosóficas.

**objetividad** *Gral.* Principio complementario al de imparcialidad que exige actuar atendiendo a criterios objetivos, es decir, relacionados con el objeto sometido a consideración y nunca con los sujetos interesados ni con el sentir personal de quien actúa.

**objeto del contrato** *Gral.* Bien, derecho o prestación sobre el que recae la obligación pactada.

**obligación 1.** *Gral.* Deber de dar, hacer o no hacer alguna cosa, que viene impuesto por una ley, un contrato o una resolución administrativa, arbitral o judicial. || **2.** *Merc.* Valor negociable emitido en serie o en masa por una sociedad de capital que reconoce una deuda de la entidad emisora, confiriendo a su titular el derecho al cobro de un interés periódico y el reembolso del principal a su vencimiento.

**obligación mancomunada** *Gral.* Obligación cuyo cumplimiento es exigible a dos o más deudores o por dos o más acreedores, cada uno en su parte correspondiente.

**obligación *propter rem*** *Adm.* Obligación que sigue a la propiedad del bien, independientemente de quien sea su titular.

**obligación solidaria** *Gral.* Obligación en que concurren dos o más acreedores o dos o más deudores, cada uno de los cuales tiene el derecho a exigir el objeto íntegro de la obligación o el deber de prestarlo.

**obligado, da** *Gral.* Persona que tiene asumida una obligación.

**obra nueva** *Civ.* Denominación que comprende las nuevas plantaciones, así como la construcción de edificios o mejoras de fincas urbanas.

**obstrucción a la justicia** *Pen.* Conducta delictiva que consiste en no comparecer ante un juzgado o tribunal, o en destruir, inutilizar u ocultar documentos o actuaciones de un procedimiento judicial.

**ocupación 1.** *Gral.* Modo natural y originario de adquirir la propiedad de ciertas cosas carentes de dueño. || **2.** *Int. púb.* Título fundamental de adquisición de un territorio. || **3.** *Int. púb.* En el derecho internacional humanitario, control efectivo por una potencia de un territorio sobre el que no tiene soberanía sin el consentimiento del Estado del territorio. || **4.** *Adm.* Modo legal de adquirir la propiedad de los animales silvestres objeto de caza o pesca.

**ofendido, da por el delito** *Proc.* Sujeto pasivo del delito o heredero del mismo, quien puede ejercitar la acción civil derivada del delito.

**oficial 1.** *Adm.* y *Mil.* Una de las categorías en que se agrupan los militares y que corresponde al militar de carrera o de complemento que desarrolla acciones directivas, especialmente de mando, y de gestión en la estructura orgánica y operativa de las Fuerzas Armadas. || **2.** *Adm.*; *Bol., C. Rica* y *Guat.* Agente público de seguridad.

**oficina judicial** *Gral.* Organización de carácter instrumental que sirve de soporte y apoyo a la actividad jurisdiccional de jueces y tribunales.

**oficio 1.** *Gral.* Comunicación escrita de un órgano público. || **2.** *Proc.* Acto de comunicación procesal de un órgano jurisdiccional a autoridades no judiciales y funcionarios ajenos a la Administración de Justicia, que no sean registradores de la propiedad, mercantiles, de buques o de ventas a plazos de bienes muebles, notarios, funcionarios del cuerpo de auxilio judicial o antiguos agentes judiciales. || **3.** *Pen.* Acto de comunicación por el que los órganos judiciales se dirigen a funcionarios, agentes o autoridades que no están a sus órdenes inmediatas o a entidades o particulares ajenos a los tribunales. || **4.** *Pen.* Comunicación dirigida por las autoridades policiales al órgano judicial interesando su autorización para la práctica de determinadas diligencias de investigación que exijan la misma. || **5.** *Can.* Institución de origen divino o eclesiástico que tiene anejas ciertas facultades.

***ombudsman* europeo** *Int.* Defensor del pueblo europeo.

**omisión 1.** *Gral.* Conducta que consiste en la abstención de una actuación que constituye un deber legal. || **2.** *Eur.* Situación que se produce cuando una institución, un órgano o un organismo de la Unión Europea no adopta un acto o no se pronuncia en circunstancias en las que, conforme al derecho de la Unión, tenía la obligación de actuar o pronunciarse. || **3.** *Pen.* Falta de realización de una acción positiva o una actuación esperada, basándose la esperanza o expectativa solo en la confianza ajena o en un deber moral, religioso o social. || **4.** *Pen.* En el ámbito jurídico, falta de realización de una concreta actuación debida, jurídicamente obligatoria.

**omisión impropia** *Pen.* Delito realmente comisivo que, mediante lo que en principio es incumplimiento de un deber normativo de actuación, infringe una norma prohibitiva de determinada conducta lesiva de un modo equivalente a su realización en comisión activa.

***opinio iuris* 1.** *Gral.* Requisito para considerar existente una costumbre que radica en el reconocimiento de la misma como manifestación u opinión del pueblo. || **2.** *Int. púb.* Elemento espiritual o subjetivo de la costumbre que expresa la convicción de la obligatoriedad jurídica de una determinada práctica seguida por los sujetos del ordenamiento.

**ordenamiento jurídico** *Const.* Conjunto de reglas escritas, principios y valores que regulan la organización del poder, las relaciones con los ciudadanos y las garantías de los derechos y las relaciones entre estos y que ordenan las políticas públicas en beneficio del interés general.

**ordenanza 1.** *Adm.* Norma de valor reglamentario, ordinariamente dictada por una Administración local. || **2.** *Adm.*; *Col.* Denominación que reciben los actos de las asambleas departamentales. || **3.** *Hist.* En Francia durante el Antiguo Régimen, norma de mayor rango, equivalente a las leyes del rey.

**orden de busca y captura** *Proc.* Orden de un juez para que se investigue el paradero de un investigado o un reo y se lo detenga.

**orden de embargos** *Merc.* Prioridad de unos bienes sobre otros a efectos de su traba, procurando la mayor facilidad de su enajenación y la menor onerosidad de esta para el ejecutado.

**orden del día 1.** *Adm.* Relación de asuntos que han de tratarse por el órgano correspondiente de una sociedad de capital. || **2.** *Adm.* Relación de asuntos que han de tratarse por un órgano colegiado de las Administraciones públicas, instituciones o corporaciones de cualquier clase. || **3.** *Parl.* Relación de asuntos que ha de tramitar en una determinada sesión un órgano parlamentario, ya sea un órgano funcional, como el pleno, la diputación permanente, una comisión, una subcomisión, una ponencia o un órgano de la Secretaría General o Administración parlamentaria; o ya sea un órgano de gobierno de las cámaras, como la Mesa o la Junta de Portavoces. Los reglamentos parlamentarios regulan la fijación del orden del día. || **4.** *Const.* Relación, fijada por el presidente del Gobierno, de los asuntos que se van a tratar en cada reunión del Consejo de Ministros.

**orden público 1.** *Pen.* Conjunto de condiciones legal y reglamentariamente establecidas que, respetando los principios constitucionales y los derechos fundamentales, determinan las reglas mínimas de convivencia en el espacio público. || **2.** *Gral.* Orden en la calle. || **3.** *Gral.* Situación que permite el pacífico ejercicio de los derechos y el cumplimiento de las obligaciones, asegurando la pacífica convivencia.

**orfandad** *Lab.* A efectos de percibir una pensión, situación en que se encuentran los menores de la edad fijada en las leyes o las personas incapacitadas para el trabajo cuyo difunto padre o madre se encontrase en alta al tiempo del fallecimiento.

**organización criminal** *Pen.* Agrupación con carácter estable o por tiempo indefinido formada por más de dos personas que, de manera concertada y coordinada, se reparten diversas tareas o funciones con el fin de cometer delitos.

**Organización de las Naciones Unidas (ONU)** *Int. púb.* Organización internacional de ámbito universal y fines generales, creada en 1945 por impulso de las grandes potencias aliadas en la Segunda Guerra Mundial, cuyo propósito principal es el mantenimiento de la paz y la seguridad internacionales para lo que atribuye importantes competencias al Consejo de Seguridad.

**órgano** *Adm.* Persona o conjunto de personas que actúa en representación de una organización o persona jurídica en un ámbito de competencia determinado.

**órgano administrativo** *Adm.* y *Const.* Institución con la que se distribuyen las competencias y potestades estatales que se derivan de la Constitución y la ley, organizadas en diversos niveles de acción o jerarquías.

**órgano colegiado** *Adm.* Órgano compuesto por una pluralidad de personas que, para adoptar acuerdos válidos, debe ajustarse a las normas generales de funcionamiento de este tipo de órganos establecidas en la ley.

**otrosí** *Proc.* Fórmula que, en los escritos procesales de las partes, encabeza alegaciones o peticiones complementarias a la principal.

# *p*

**pabellón 1.** *Int. priv.*, *Int. púb.* y *Merc.* Bandera nacional que un Estado tiene derecho a usar en las relaciones internacionales y para identificar a sus aeronaves y buques de guerra o de Estado, y que determina en particular la nacionalidad de las aeronaves civiles y buques mercantes u otros autorizados a usarlo. || **2.** *Adm.; Esp.* Vivienda que la Dirección General de la Guardia Civil cede en uso como alojamiento habitual al guardia civil, al militar que esté en ella destinado o a la persona que en virtud de nombramiento desempeñe alguno de los cargos determinados en la orden por la que se regulan los pabellones oficiales en la Guardia Civil.

***pacta sunt servanda*** *Civ.* 'Los pactos deben cumplirse'.

**pacto comisorio 1.** *Civ.* Pacto que permite que el acreedor, verificado el incumplimiento del deudor hipotecario o pignoraticio, haga suya la cosa dada en garantía, bien directamente mediante su apropiación, bien indirectamente mediante su disposición. || **2.** *Civ.*; *R. Dom.* Convenio, prohibido por la ley, que tiene por objeto permitir al acreedor garantizado con prenda o hipoteca apropiarse de la garantía sin necesidad de autorización judicial. || **3.** *Civ.*; *Chile* y *R. Dom.* Convenio por el cual las partes de un contrato estipulan que, en caso de incumplimiento de una de las obligaciones pactadas por una de ellas, el contrato quedará resuelto de pleno derecho sin necesidad de ejercer una acción judicial de resolución.

**pacto sucesorio** *Civ.* Acuerdo o convención contractual que limita las facultades dispositivas *mortis causa*.

**padrón electoral 1.** *Const.* Registro oficial, permanente y único para todas las elecciones de personas con derecho a voto. || **2.** *Adm.*; *P. Rico* Documento impreso en papel o en material análogo o en formato electrónico y preparado por la Comisión Estatal de Elecciones que incluye los datos de los electores calificados asignados para votar en un colegio o centro de votación. || **3.** *Const.*, *Arg.*, *Bol.*, *Chile*, *Guat.*, *Méx.*, *Nic.* y *R. Dom.* **censo electoral**.

**padrón municipal** *Adm.* Registro administrativo, a cargo del ayuntamiento, donde constan los vecinos de un municipio.

**pagaré** *Gral.* Título de valor que contiene una promesa del librador de pagar una cantidad determinada a otra persona o a su orden en el lugar y fecha determinados en el mismo.

**pago a tercero** *Civ.* Forma atípica de extinguir una obligación consistente en el pago a persona autorizada distinta del acreedor o el pago efectuado de buena fe al que estuviese en posesión del crédito.

**pago indebido 1.** *Civ.* Forma de materializar el cumplimiento de una obligación que no existía o el cumplimiento de la misma por parte de quien no estaba obligado a ello. || **2.** *Fin.* Desembolso de fondos presupuestarios que se realiza por error material, aritmético o de hecho en favor de persona en quien no concurra derecho alguno de cobro frente a la Administración con respecto a dicho pago o en una cuantía que excede de la consignada en el acto o documento que reconoció el derecho del acreedor.

**paraíso fiscal** *Fin.* e *Int. púb.* Territorio caracterizado por su baja o nula tributación, la ausencia o escaso número de convenios para evitar la doble imposición y la falta de un efectivo intercambio de información fiscal con otros Estados.

**paralización del proceso** *Proc.* Dilación en la tramitación de un procedimiento judicial que puede deberse a alguna causa legalmente establecida o acordada o a la mera inactividad.

**pareja de hecho** *Civ.* Pareja que convive sin haber contraído matrimonio y a la que le son reconocidos determinados efectos jurídicos en la medida en que cumpla los requisitos establecidos legalmente.

**paro 1.** *Lab.; Esp.* Situación en la que se encuentran las personas en edad de trabajar que no encuentran empleo. || **2.** *Lab.; Esp.* Subsidio que, concurriendo los requisitos legales, pueden percibir las personas que están en situación de desempleo. || **3.** *Lab.*; *Arg.*, *Col.*, *Guat.*, *Hond.*, *Par.* y *R. Dom.* Suspensión unilateral del trabajo por uno o más empleadores en defensa de sus intereses autorizada por la máxima autoridad laboral.

**parque natural** *Adm.* Área natural poco transformada por la explotación u ocupación humana que, por la belleza de sus paisajes, la representatividad de sus ecosistemas o la singularidad de su flora, su fauna o sus formaciones geomorfológicas, posee valores ecológicos, estéticos, educativos y científicos cuya conservación merece una atención preferente.

**parricidio** *Hist.* y *Pen.* Delito consistente en dar muerte a un ascendiente, un descendiente o al cónyuge.

**parroquia 1.** *Adm.* Entidad de ámbito local inferior al municipio, carente de personalidad jurídica, que se constituye como forma de organización desconcentrada del mismo para la administración de núcleos de población separados. || **2.** *Can.* Comunidad de fieles, constituida de modo estable en una iglesia particular, cuya cura pastoral, bajo la autoridad del obispo diocesano, se encomienda a un párroco como su pastor propio.

**parte 1.** *Civ.* Cada una de las personas que contratan entre sí o que tienen participación o interés en un mismo negocio. || **2.** *Proc.* Persona física o jurídica que interviene en el proceso judicial como demandante o como demandado.

**parte dispositiva 1.** *Gral.* Articulado de una norma o un tratado. || **2.** *Adm.* Pronunciamiento de un acto o resolución administrativa. || **3.** *Civ.* y *Merc.* Parte de un instrumento público en el que las personas que lo otorgan crean, transmiten, modifican o extinguen derechos o facultades. || **4.** *Proc.* Fallo de una resolución judicial.

**partida de defunción** *Civ.* e *Hist.* Copia de un asiento registral relativo al fallecimiento de una persona.

**partida de nacimiento** *Civ.* Documento público expedido por el Registro Civil, acreditativo del nacimiento de una persona.

**partido judicial** *Gral.* Unidad territorial integrada por uno o más municipios limítrofes pertenecientes a una misma provincia.

**partido político** *Const.* Asociación de base privada que cumple funciones públicas, es expresión del pluralismo político e instrumento de participación, concurre a la formación de la voluntad popular y crea la representación política a través de la presentación de programas y candidaturas electorales.

**patente 1.** *Adm.*, *Civ.* y *Merc.* Documento en que se reconoce a alguien una invención y los derechos derivados de la misma. || **2.** *Adm.*; *Arg.*, *Chile* y *Ur.* Matrícula o placa identificativa que llevan los vehículos, compuesta por una serie de números y letras, y que los habilita para circular.

**patrimonio artístico e histórico** *Adm.* Conjunto de inmuebles y objetos muebles de interés artístico, histórico, paleontológico, arqueológico, etnográfico, científico o técnico, así como el patrimonio documental y bibliográfico, los yacimientos y zonas arqueológicas, los sitios naturales y los jardines y parques, que tengan valor artístico, histórico o antropológico.

**patrimonio natural** *Amb.* Conjunto de bienes y recursos de la naturaleza, fuente de diversidad biológica y geológica, que tienen un valor relevante ambiental, paisajístico, científico o cultural.

**patrimonio separado 1.** *Civ.* y *Proc.* Masa de bienes que pertenece a un patrimonio personal, pero del que se halla independizado por estar destinado a un fin específico. || **2.** *Fin.* Patrimonio sin personalidad jurídica susceptible de imposición diferenciada de la persona física que sea su titular.

**pederastia** *Pen.* Abuso sexual a menores.

**pena 1.** *Pen.* En la ley penal, consecuencia que el legislador asocia a la comisión de una infracción penal. || **2.** *Pen.* Privación o restricción de bienes o derechos impuesta por un órgano jurisdiccional a un sujeto culpable como consecuencia de la comisión de una infracción penal. || **3.** *Pen.* Clase de consecuencia jurídica o sanción que, junto con el precepto o presupuesto, conforma la norma penal.

**pena accesoria** *Pen.* Sanción que, sin estar expresamente establecida por la comisión de una infracción penal, se impone junto con una pena principal, de la que depende por disposición de la ley.

**pena privativa de derechos** *Pen.* Sanción penal que implica la privación temporal o definitiva de derechos diferentes de la libertad deambulatoria y el patrimonio.

**pena privativa de libertad** *Pen.* Sanción penal que restringe la libertad deambulatoria del condenado.

**pensión compensatoria** *Civ.* Compensación a la que legalmente tiene derecho el cónyuge al que la separación o el divorcio produzca un desequilibrio económico en relación con la posición del otro y que implique un empeoramiento en su situación anterior en el matrimonio.

**pensión de orfandad** *Lab.* Situación en la que, a efectos de pensión, se encuentran las personas menores de veintiún años o incapacitadas para el trabajo o, en ciertos supuestos, los menores de veintinco años, cuyo difunto padre o madre, con independencia de la filiación, se encontrase en alta o en situación asimilada al alta al tiempo del fallecimiento.

**pérdida de la condición de funcionario** *Adm.* Cese definitivo de la relación laboral entre un empleado público y la Administración, que supone la pérdida de los derechos y obligaciones inherentes al cargo y que se produce por la concurrencia de alguna de las causas previstas en el estatuto básico del empleado público.

**pérdida de la cosa debida** *Civ.* Forma de extinción de la obligación por imposibilidad sobrevenida del cumplimiento de la prestación.

**pérdida de la nacionalidad** *Int. priv.* Privación de la nacionalidad como consecuencia de una sanción o por adquisición voluntaria de otra nacionalidad.

**perdón de la pena 1.** *Pen.* Medida de gracia que puede adoptar el Consejo de Ministros por la que se dispone la remisión de todas o de alguna de las penas impuestas al condenado por sentencia judicial firme. || **2.** *Can.* En derecho canónico, favor o gracia concedido por un superior, o una autorización.

**perdón del ofendido** *Pen.* En delitos leves perseguibles a instancias del agraviado o en los supuestos que la ley así lo prevea, causa de extinción de la responsabilidad criminal que se produce cuando el perjudicado por un delito decide renunciar al castigo del responsable.

**perfección del contrato 1.** *Gral.* Momento a partir del cual el contrato vincula a las partes. || **2.** *Adm.* En el ámbito de la contratación del sector público, perfección de los contratos mediante su formalización. || **3.** *Civ.* y *Merc.* Momento a partir del cual las partes no pueden desligarse del contrato.

**perito, ta** *Proc.* Experto en una materia a quien se le encomienda la labor de analizar desde un punto de vista técnico, artístico, científico o práctico la totalidad o parte de los hechos litigiosos.

**perjuicios de difícil o imposible reparación 1.** *Adm.* Circunstancias que han de ponderarse por el órgano administrativo competente a la hora de resolver un recurso para acordar, de oficio o a solicitud del recurrente, sobre la suspensión o no del acto impugnado. || **2.** *Proc.* Circunstancias que han de ponderarse por el órgano judicial a la hora de decidir si acuerda o no la adopción de medidas cautelares o de ejecución provisional de una sentencia.

**perjurio** *Pen.* Acción de faltar a la verdad al declarar, confesar, informar o traducir ante un juez o autoridad competente bajo juramento.

**permiso de residencia y trabajo** *Adm.* Autorización que permite a un extranjero residir en un país y ejercer en él una actividad lucrativa, laboral o profesional.

**permiso de salida** *Pen.* Concesión de autorización para salir de prisión que se otorga al condenado y, por motivos excepcionales, al sujeto que se encuentre en prisión provisional.

**permiso por asuntos particulares** *Adm.* Permiso de ausencia del trabajo, de libre disposición, reconocido a los empleados públicos de acuerdo con la ley.

**permiso por matrimonio** *Lab.* Derecho de los trabajadores para ausentarse del trabajo de forma retribuida y por un número determinado de días por haber contraído matrimonio.

**permiso por nacimiento de un hijo** *Lab.* Derecho de los trabajadores para ausentarse del trabajo de forma retribuida y por un número determinado de días por nacimiento de un hijo.

**permuta** *Civ.* Contrato por el cual cada uno de los contratantes se obliga a dar una cosa para recibir otra.

**personación** *Proc.* Acto procesal de parte en virtud del cual el interesado en un proceso o recurso pendiente comparece en el mismo y solicita se sigan con él las actuaciones procedimentales.

**persona física** *Gral.* Individuo con capacidad jurídica para ser titular de derechos y cumplir con obligaciones.

**persona jurídica** *Civ.* Institución dotada de personalidad propia e independiente y plena capacidad para el cumplimiento de sus fines, creada por las leyes o conforme a lo establecido en ellas.

**personarse** *Proc.* Comparecer en un proceso los interesados.

**pieza de convicción** *Proc.* Objeto relacionado con la comisión del delito y que evidencia este, recogido durante la fase de instrucción del procedimiento e incorporado al mismo.

**pieza separada** *Proc.* Parte de un proceso judicial que se sustancia al margen de los autos principales por afectar a una cuestión que es susceptible de tratamiento procesal autónomo y que resulta conveniente tramitar por separado de la cuestión principal, aunque siempre en relación con esta.

**pin** *Tel.* Contraseña alfanumérica que permite hacer uso de ciertos aparatos o dispositivos electrónicos, como cajeros automáticos, teléfonos móviles, etc.

**pirómano, na** *Pen.* Persona que padece una enfermedad mental que le lleva a provocar incendios y, que debido a ella, puede ver disminuida su imputabilidad jurídico-penal.

**plagio 1.** *Civ.* Suplantación de la autoría de una obra literaria, artística o científica. || **2.** *Pen.* Copia de una obra ajena con ánimo de obtener un beneficio económico directo o indirecto y en perjuicio de tercero. || **3.** *Pen.*; *Am.* Secuestro de alguien para obtener rescate por su libertad.

**plan de ordenación del territorio** *Adm.* Instrumento de planificación y ordenación integral que establece los elementos básicos para la organización y estructura de un territorio.

**plan de pensiones** *Merc.* Contrato colectivo de previsión social que define las obligaciones de contribución de sus partícipes o promotores y los derechos de sus beneficiarios a percibir rentas o capitales por jubilación, supervivencia, incapacidad permanente y fallecimiento.

**plan de prevención de riesgos laborales** *Lab.* Herramienta a través de la cual se integra la actividad preventiva de la empresa en su sistema general de gestión.

**plan especial de ordenación urbana** *Adm.* Plan que tiene por objeto desarrollar la ordenación estructural del plan general mediante el establecimiento de la ordenación pormenorizada de aquellas áreas de suelo urbano para las que el plan general permite diferir dicha ordenación.

**plan general de ordenación urbana** *Adm.* Instrumento de planeamiento de naturaleza normativa en el que se establece la ordenación urbanística integral de uno o varios municipios, que resulta indispensable para que pueda producirse el planeamiento de desarrollo y la actividad urbanizadora y edificadora.

**plan parcial** *Adm.* Plan que regula la urbanización y la edificación del suelo urbanizable, desarrollando el plan general mediante la ordenación detallada de uno o varios sectores.

**planeamiento urbanístico** *Adm.* Conjunto de instrumentos normativos que rigen la ordenación del uso del suelo y las condiciones para su transformación y conservación.

**planta judicial** *Proc.* Estructura de la organización judicial de un Estado a través de la definición del número de sus juzgados y tribunales, su tipo y su distribución en el territorio.

**plazo 1.** *Gral.* Término señalado para realizar algo o vencimiento del mismo. || **2.** *Proc.* Lapso temporal para la realización de actuaciones ante los juzgados y tribunales o por parte de estos. || **3.** *Gral.* Tiempo legal o contractualmente establecido que ha de transcurrir para que se produzca un efecto jurídico, usualmente el nacimiento o la extinción de un derecho subjetivo.

**pleito** *Proc.* Litigio o contienda entre dos partes que se somete al examen de un juez.

**Pleno del Ayuntamiento** *Adm.* Órgano colegiado de máxima representación, deliberante, de control y fiscalización de los órganos ejecutivos y decisorio en los asuntos de mayor trascendencia del ayuntamiento, especialmente los presupuestos y las normas municipales, integrado por el alcalde y los concejales.

**plica** *Adm.* Sobre cerrado y sellado que no debe abrirse hasta una fecha indicada o determinada y que se utiliza, por lo general, en concursos públicos y subastas para la presentación de las ofertas o proposiciones, garantizando de esta forma la igualdad de oportunidades entre los licitadores o postores.

**pliego de cargos 1.** *Adm.* Primer acto de acusación que dicta la

Administración contra el acusado en ciertos procedimientos sancionadores que se inician sin imputación formal. || **2.** *Adm.* Documento de un expediente disciplinario en el que se exponen las supuestas infracciones cometidas por un funcionario y que se le comunican para que pueda defenderse. || **3.** *Mil.* Documento formulado por el instructor del procedimiento sancionador por faltas graves y muy graves en el que se comprenden los hechos imputados, su calificación jurídica y la sanción que se estima procedente.

**pluralismo político** *Const.* Principio básico constitucional que se manifiesta a través de los partidos políticos con estructura y funcionamiento democráticos y que tienen en la libertad ideológica el fundamento necesario para la definición de su identidad política.

**pluralismo religioso 1.** *Gral.* Libertad en el seno de una sociedad democrática para adscribirse o no a una religión y practicarla o no. || **2.** *Const.* Libertad religiosa y de culto de los individuos y las comunidades. || **3.** *Const.* Neutralidad religiosa del Estado y de sus instituciones.

**poder ejecutivo** *Const.* Uno de los tres poderes del Estado, atribuido al Gobierno y ejercido a través de la Administración pública.

**poder irrevocable** *Civ.* y *Proc.* Poder de representación, generalmente de carácter especial y temporal, que no se puede revocar si se concede con ese carácter.

**poder judicial** *Const.* Poder independiente del Estado que consiste en juzgar y hacer ejecutar lo juzgado y que es ejercido por jueces y magistrados conforme a los principios de legalidad, independencia, unidad, exclusividad y responsabilidad.

**poder legislativo** *Const.* Poder atribuido al Parlamento para la aprobación de normas con rango de ley y que, en los sistemas federales, es compartido por los Parlamentos de los Estados o provincias.

**poder para pleitos** *Civ.* y *Proc.* Documento otorgado ante notario o *apud acta* que faculta generalmente al procurador o, en su caso, al letrado para intervenir en representación de las partes en cualquier proceso y para realizar en él todos los actos procesales previstos en el mismo, salvo aquellos que requieren de poder especial según la ley.

**policía administrativa** *Adm.* Actividad administrativa encaminada a mantener el orden existente mediante la acción preventiva.

**Policía Judicial** *Pen.* y *Proc.* Unidad especializada de las fuerzas y cuerpos de seguridad del Estado que tiene por objeto averiguar los delitos que se cometen en su territorio o demarcación, practicar las diligencias necesarias para averiguarlos y para descubrir a los delincuentes y recoger todos los efectos, instrumentos o pruebas del delito.

**póliza de seguro** *Merc.* Documento en el que constan las condiciones del contrato de seguro.

**portavoz de un grupo parlamentario** *Const.* Parlamentario que, conforme a los estatutos de su grupo y a las disposiciones del reglamento, ejerce la máxima autoridad y representación de un grupo parlamentario, tanto respecto de los asuntos internos del mismo cuanto en relación con la organización, funciones y procedimientos que el reglamento de la correspondiente cámara atribuye a los grupos.

**poseedor, ra** *Gral.* Persona que ejerce la posesión sobre alguna cosa.

**posesión civil** *Civ.* Tenencia de una cosa o disfrute de un derecho por una persona unidos a la intención de haber la cosa o derecho como suyos.

**posesión de buena fe** *Civ.* Tipo de posesión que es de apreciar respecto del poseedor que ignora que, en su título o modo de adquirir, exista vicio que lo invalide.

**posesión en concepto de dueño** *Civ.* Posesión que se ejerce como titular dominical de la cosa.

**potestad administrativa 1.** *Adm.* Facultad de actuación reconocida por el ordenamiento jurídico a los órganos de las Administraciones públicas. || **2.** *Can.* Parte de la potestad de régimen, que se confiere a una persona por medio de un oficio o por delegación.

**precio, recompensa o promesa** *Pen.* Móvil o motivo reprobable de obtener una contraprestación económica o dineraria o una ventaja de otro tipo o de recibir de otro la promesa de un precio o una recompensa, que lleva al sujeto activo a cometer un delito.

**preclusión** *Proc.* Pérdida de oportunidad de realizar un acto procesal por intentarse fuera de plazo.

**precontrato** *Civ.* y *Merc.* Contrato por el que las partes se comprometen a celebrar en el futuro otro contrato por no querer o poder ahora concluirlo.

**preferencia en el embargo** *Merc.* Prioridad de unos bienes sobre otros a efectos de su traba, procurando la mayor facilidad de su enajenación y la menor onerosidad de esta para el ejecutado.

**pregunta capciosa** *Proc.* Cuestión formulada arteramente con el objeto de provocar el error o la confusión del deponente.

**pregunta impertinente** *Proc.* Cuestión que no debe ser respondida por el interrogado al no corresponder con los hechos litigiosos o no guardar relación con el declarante.

**pregunta parlamentaria** **1.** *Eur.* Instrumento de control político del Parlamento Europeo sobre las actividades del Consejo y la Comisión que se desarrolla a través de la formulación de preguntas con solicitud de respuesta oral, respuesta escrita o a través de turno de preguntas rápidas a cuestiones de actualidad. || **2.** *Const.* Instrumento de control de los diputados individuales sobre el Gobierno que adopta diversas formas (pregunta oral en pleno y en comisión y pregunta escrita).

**preguntas generales de la ley** *Proc.* Interrogatorio del tribunal previo a la declaración del testigo, en el que se le preguntan cuestiones relativas a su identidad, parentesco, relación o dependencia con las partes, la defensa o representación procesal, o si ha sido condenado previamente por falso testimonio con el propósito de facilitar la valoración por el tribunal de la verosimilitud de su testimonio.

**prejubilación** *Lab.* Modalidad de jubilación a la que se accede antes de haber alcanzado la edad que en cada caso resulte de aplicación.

**prejudicialidad penal** *Adm.* Litigio o asunto contencioso de naturaleza penal que determina la imposibilidad de resolver otro conectado con el mismo ante una jurisdicción distinta de la penal.

**prelación** *Gral.* Antelación o preferencia con que algo debe ser atendido respecto de otra cosa con la cual se compara.

**prelación de créditos** *Fin.* Garantía general del crédito tributario vencido y no satisfecho en cuanto concurra con otros acreedores, excepto que se trate de acreedores de dominio, prenda, hipoteca u otro derecho real debidamente inscrito en el registro correspondiente con anterioridad a la fecha en que se haga constar en el mismo el derecho de la Hacienda pública.

**premeditación** *Pen.* Circunstancia agravante de la responsabilidad criminal del sujeto culpable en atención a la existencia de una previa reflexión y preparación firme de realizar un delito.

**prescripción** **1.** *Gral.* Institución jurídica en la que se manifiesta un determinado efecto jurídico por el transcurso de un período de tiempo dado. || **2.** *Gral.* Acto de preceptuar, ordenar o determinar algo.

**prescripción adquisitiva** **1.** *Civ.* Modo de adquirir la propiedad u otros derechos que tiene lugar mediante el transcurso de cierto tiempo y la concurrencia de una apariencia jurídica que determina el nacimiento o la consolidación de un derecho en favor de un sujeto. || **2.** *Int. púb.* Título de adquisición de la soberanía que requiere la prueba estricta de la posesión efectiva de un territorio que pertenece a otro Estado, mediante el ejercicio de actos de autoridad durante un largo período de tiempo con la aquiescencia o falta de protesta del otro Estado. || **3.** *Adm.* Modo de adquisición de bienes de dominio público.

**presentación electrónica** *Proc.* y *Tel.* Aportación, presentación o remisión a los órganos y oficinas judiciales y fiscales de toda clase de escritos, solicitudes, documentos, dictámenes, informes u otros medios, instrumentos o expedientes por parte de los ciudadanos, profesionales de la justicia, administraciones y organismos públicos y fuerzas y cuerpos de seguridad a través de un canal electrónico.

**presidencialismo** *Const.* y *Parl.* Sistema de organización política caracterizado por la separación entre el poder legislativo y el ejecutivo, a cuya cabeza se sitúa el presidente de la república que cuenta con la legitimación derivada de su elección por sufragio universal directo para un mandato fijo.

**presidente, ta del Gobierno** **1.** *Const.* Titular de la Presidencia del Gobierno, que preside el Gobierno, dirige la acción de este y coordina las funciones de los demás miembros que lo componen. || **2.** *Int. púb.* Jefe del Poder Ejecutivo y responsable de la dirección de la política exterior.

**prestación familiar** *Adm.* Prestación de la Seguridad Social dirigida a cubrir la situación o estado de necesidad o el exceso de gastos que produce, para determinadas personas, la existencia de responsabilidades familiares y el nacimiento o adopción de hijos en determinados casos.

**prestamista** *Civ.* y *Merc.* Persona que, en el marco de un contrato de préstamo, hace entrega de la cosa objeto del contrato.

**préstamo** **1.** *Gral.* Acción y efecto de prestar. || **2.** *Civ.* Cantidad de dinero que se solicita, generalmente a una institución financiera, con la obligación de devolverlo con un interés. || **3.** *Merc.* Contrato por el que el prestamista se obliga a entregar al prestatario una determinada suma de dinero para que este devuelva, dentro del plazo pactado, la cantidad recibida, incrementada con el correspondiente interés.

**prestatario, ria** *Civ.* y *Merc.* Persona que, en el contrato de préstamo, recibe la cosa objeto del contrato.

**presunción de buena fe** *Civ.* Presunción *iuris tantum* de que el poseedor de una cosa posee con buena fe.

**presunción de certeza o veracidad en el acta de inspección** *Adm.* Valor probatorio reforzado del acta de inspección que obliga al órgano con competencia para sancionar al entender que los hechos que declara son ciertos salvo prueba en contrario.

**pretensión 1.** *Proc.* Objeto de una acción procesal que se concreta en la demanda que formula el actor ante el correspondiente órgano jurisdiccional. || **2.** *Lab.* Objeto de una acción procesal, consistente en pedir al juez de lo social un determinado pronunciamiento, o bien de declaración de existencia de una relación jurídica o de creación o extinción de esta, o bien de petición de condena para la otra parte.

**preterición** *Civ.* Omisión en el testamento de un legitimario en línea recta ascendente o descendente.

**prevaricación 1.** *Pen.* Delito que comete el juez o magistrado que, a sabiendas, dicta de forma injusta una sentencia. || **2.** *Mil.* Modalidad de delito contra la Administración de la Justicia Militar cometido por quienes, formando parte de un tribunal militar o en ejercicio de funciones judiciales, dictan a sabiendas sentencia o resolución injusta.

**prevaricato 1.** *Pen.*; *Bol.*, *Ec.*, *Guat.* y *Ur.* Delito que comete un abogado o procurador cuando, faltando a sus deberes profesionales, perjudica los intereses de la parte a quien defiende o representa judicial o administrativamente. || **2.** *Ec.*, *El Salv.* y *Perú*. **prevaricación**. || **3.** *Pen.*; *Arg.* y *Perú*. Delito cometido por el juez que dictare resoluciones contrarias a la ley expresa invocada por las partes o por él mismo o citare, para fundarlas, hechos o resoluciones falsas.

**primacía de la ley** *Adm.* Principio que expresa la sumisión o vinculación de la Administración a las leyes existentes. || **2.** *Eur.* Principio de relación entre las normas del derecho comunitario de la Unión Europea y el de los Estados miembros y que supone la prevalencia del derecho europeo sobre el derecho interno.

**primera instancia 1.** *Proc.* Primer nivel de decisión de un litigio, que corresponde a un órgano jurisdiccional cuya resolución puede ser recurrida ante un órgano superior. || **2.** *Proc.* Primer nivel de la organización judicial integrado por los juzgados unipersonales de cualquier orden jurisdiccional.

**principio acusatorio 1.** *Proc.* Principio informador del modelo procesal en el que se respeta que quien investiga no juzga o, lo que es lo mismo, que el instructor debe investigar recabando elementos sin prejuzgar, fundando tanto la acusación como su falta y salvaguardando la imparcialidad, en tanto el juzgador realizará su función únicamente con los medios practicados en su presencia, durante el juicio. || **2.** *Adm.* Derecho de la persona acusada a tener conocimiento de lo que se le acusa a fin de que pueda alegar y aportar pruebas en relación con la imputación realizada. || **3.** *Pen.* Exigencia de que el órgano jurisdiccional respete los términos fácticos y jurídicos delimitados por la acusación penal.

**principio de buena administración 1.** *Eur.* Derecho consagrado en la Carta de los Derechos Fundamentales de la Unión Europea que corresponde a toda persona y consiste en que las instituciones, órganos y organismos de la Unión traten sus asuntos imparcial y equitativamente y dentro de un plazo razonable. || **2.** *Adm.* Derecho reconocido en la Constitución y las leyes a obtener de las Administraciones públicas un trato imparcial y equitativo en un plazo razonable.

**principio de buena fe procesal** *Proc.* Principio procesal que proscribe las actuaciones de las partes en el proceso realizadas con manifiesto abuso de derecho o que entrañan fraude de ley o procesal.

**principio de legalidad 1.** *Gral.* Principio jurídico que sustenta el Estado de derecho y en virtud del cual los poderes públicos están sometidos a la ley y al derecho. || **2.** *Const.* Primacía de la ley, superioridad o jerarquía de la misma con respecto de cualquier otra clase de norma. || **3.** *Pen.* Principio jurídico según el cual no puede castigarse una acción u omisión si no está prevista como delito en una ley. || **4.** *Pen.* Principio jurídico que prohíbe el cumplimiento de las penas y de las medidas de seguridad en forma distinta de la prevista por la ley. || **5.** *Adm.* Principio conectado con la idea de que los poderes públicos actúan dentro de los límites que las leyes establecen y, en particular, la Administración, en los términos concretos en que la ley se lo permite, parámetro del que se sirven los jueces y tribunales para controlar las decisiones de la Administración.

**principio de proporcionalidad 1.** *Pen.* Principio jurídico en virtud del cual las penas han de ser necesarias y proporcionadas a la gravedad del delito cometido. || **2.** *Eur.* Principio que limita el ejercicio de las competencias atribuidas a la Unión Europea, obligando a que sus actividades no sean excesivas respecto de los objetivos que pretenden alcanzar, de forma que las acciones de la Unión Europea no vayan en su contenido o forma más allá de lo estrictamente necesario para alcanzar los objetivos previstos en los tratados. || **3.** *Const.* Principio rector del ordenamiento jurídico cuya función esencial es limitar las injerencias del Estado sobre los derechos fundamentales de los ciudadanos. || **4.** *Adm.* Principio que, tanto en la determinación normativa como en la imposición de sanciones, obliga a observar la debida idoneidad y necesidad de estas y su adecuación a la gravedad de los hechos. || **5.** *Adm.* Principio que rige la actuación de las Administraciones públicas, en especial en el ámbito de la intervención administrativa sobre la actividad de los ciudadanos y empresarios, que impone la obligación de elegir la medida menos restrictiva de entre las admisibles.

**principio de tipicidad** *Pen.* y *Adm.* Principio aplicable a las infracciones y sanciones penales y administrativas que obliga a su delimitación exacta en las leyes con carácter previo a la aplicación de cualquier sanción.

**principios generales del derecho 1.** *Gral.* Principios de derecho natural consistentes en un conjunto de verdades jurídicas establecidas universalmente por la recta razón. || **2.** *Gral.* Valores deducidos de los propios procesos aplicativos de las normas positivas, que contribuyen a orientar su aplicación ajustada a los ideales de justicia y a las convicciones sobre lo justo, que mantiene la comunidad en cada momento, y que expresan los jueces y demás operadores jurídicos principales. || **3.** *Int. púb.* Principios comunes a los distintos ordenamientos estatales que, por expresar una común concepción de la justicia, se extienden a las relaciones internacionales. || **4.** *Int. púb.* Principios que se obtienen por inducción de las normas internacionales e informan un sector de este ordenamiento. || **5.** *Adm.* y *Civ.* Principios que prescriben que un valor o un bien jurídico debe ser realizado en la mayor medida que resulte posible, considerando el entorno y las circunstancias del caso.

**prisión 1.** *Pen.* Pena privativa de libertad cuya imposición, junto con la prisión permanente revisable, la localización permanente y la responsabilidad personal subsidiaria por impago de multa, además de las penas privativas de derechos y las multas, queda contemplada en el Código Penal. || **2.** *Gral.* **establecimiento penitenciario**.

**prisión permanente revisable** *Pen.* Pena privativa de libertad de carácter grave, cuya suspensión se acuerda por el tribunal cuando el penado clasificado en tercer grado haya cumplido veinticinco años de su condena y el tribunal pueda fundar un pronóstico favorable de reinserción social sobre la base de los criterios legalmente previstos, como, p. ej., la conducta del reo durante el cumplimiento de la condena.

**prisión provisional** *Proc.* Medida cautelar excepcional que consiste en la privación de la libertad de movimientos de un investigado mediante su ingreso en un centro penitenciario mientras se encuentra pendiente de un proceso penal y hasta un plazo razonable que se extenderá como máximo a los cuatro años.

**privacidad 1.** *Gral.* Facultad de una persona de prevenir la difusión de datos pertenecientes a su vida privada que, sin ser difamatorios ni perjudiciales, esta desea que no sean divulgados. || **2.** *Hist.* Derecho de la persona a no ser objeto de injerencias arbitrarias o ilegales en su vida privada, su familia, su domicilio o su correspondencia, ni ataques ilegales a su honra o reputación. || **3.** *Proc.*; *Ec.* Garantía para la participación en el proceso de niños y adolescentes víctimas de delitos contra la integridad sexual.

**privación de la patria potestad** *Civ.* Pérdida del conjunto de derechos que la ley concede a los padres sobre la persona y sobre los bienes de sus hijos en tanto son menores y no emancipados para facilitar el cumplimiento de los deberes de sostenimiento y educación que pesan sobre los padres.

**probidad** *Lab.* Honradez, integridad y rectitud en el actuar, cuya ausencia es causa, en la legislación de algunos Estados, de rescisión del contrato de trabajo.

**procedimiento administrativo abierto** *Adm.* Procedimiento administrativo especial de selección de contratistas en el que, según la legislación estatal reguladora de la contratación en el sector público, todo empresario interesado en la adjudicación puede presentar una proposición económica, quedando excluida, como trámite de selección, cualquier negociación con los licitadores sobre los términos del contrato.

**procedimiento administrativo de licitación con negociación** *Adm.* Procedimiento en el que la adjudicación de un contrato del sector público recae en el licitador justificadamente elegido por el órgano de contratación tras negociar las condiciones del contrato con uno o varios candidatos.

**procedimiento administrativo restringido 1.** *Adm.* Procedimiento administrativo especial de selección de contratistas al que no pueden concurrir sino los licitadores que reúnan determinadas condiciones específicas distintas de las exigidas con carácter general y en el que puede presentar solicitud de participación cualquier licitador con capacidad, pero solo pueden presentar oferta aquellos que hayan sido invitados al efecto por el poder adjudicador. || **2.** *Adm.* Procedimiento administrativo especial de selección de personal al que no pueden concurrir sino los aspirantes que reúnan determinadas condiciones específicas, como las de experiencia o antigüedad, distintas de las exigidas con carácter general, como las de titulación.

**procedimiento sancionador 1.** *Adm.* Procedimiento mediante el cual la Administración ejercita su potestad sancionadora resolviendo, en caso de comisión de alguna de las infracciones tipificadas, la imposición de la sanción correspondiente. || **2.** *Fin.* Procedimiento que se tramita de forma separada de los de aplicación de los tributos, salvo renuncia del obligado, en cuya instrucción se tendrán en cuenta los datos, pruebas o circunstancias que obren en el expediente o hayan sido obtenidos, formulándose propuesta de resolución en la que se recogerán de forma motivada los hechos, su calificación jurídica y la infracción que aquellos puedan constituir. || **3.** *Mil.* Expediente administrativo a través del que las autoridades y mandos con potestad y competencia disciplinaria militar pueden dictar una resolución sancionadora.

**procedimiento sumarísimo** *Mil.* Procedimiento penal militar especial seguido para el enjuiciamiento, únicamente en tiempo de guerra, de los delitos flagrantes y de los que afectan gravemente a la moral o disciplina de las Fuerzas Armadas o a la seguridad de las unidades, plazas, buques, aeronaves o bases militares cuando así se declara por el Gobierno.

**proceso judicial** *Proc.* Conjunto de actos concatenados y regulados por la legislación procesal que, con o sin la intervención de otras personas, se desarrolla por órganos jurisdiccionales de cualquier orden, sirviéndoles de cauce formal para conocer un asunto controvertido y emanar, válidamente y en el ámbito de su competencia, una resolución final jurídicamente fundada sobre el mismo, que suele adoptar la forma de sentencia.

**proclamación de candidatura** *Const.* Declaración formal de las candidaturas que reúnen los requisitos legales en cada circunscripción y que pueden participar en una campaña electoral inmediatamente posterior.

**proclamación de electos** *Const.* En un proceso electoral, publicación solemne de la asignación de escaños obtenidos por las distintas candidaturas, que impide modificaciones posteriores de los resultados por parte de la Administración electoral.

**procurador, ra 1.** *Proc.* Profesional del derecho que, estando en posesión del título universitario habilitante para su ejercicio y, en general, de la colegiación obligatoria, se encarga de la representación procesal de las partes en litigio ante los juzgados y tribunales y, singularmente, a través de quien se realizan los actos de comunicación procesal con las partes personadas. || **2.** *Proc.*; *Arg.* Jefe de todos los fiscales nacionales, que tiene la función de promover la actuación de la justicia en defensa de la legalidad y los intereses generales de la sociedad, representar y defender el interés público en la mayoría de los asuntos judiciales y promover la persecución penal en todas las causas criminales.

**prodigalidad** *Civ.* Conducta desarreglada de la persona que malgasta su caudal con ligereza en perjuicio de su familia.

**profanación 1.** *Pen.* Tratamiento de una cosa sagrada sin el debido respeto, tanto de los objetos materiales que utilice una confesión religiosa como de los dogmas y ritos de las distintas religiones. || **2.** *Can.* Delito canónico consistente en arrojar, llevar o retener las especies consagradas o violar las cosas sagradas.

**profesor asociado, profesora asociada** *Adm.* Profesor que, desarrollando regularmente su actividad fuera de la universidad y siendo especialista de reconocida competencia, es contratado de forma temporal y con dedicación parcial para que aporte sus conocimientos y experiencia profesional a la Universidad.

**profesor, ra ayudante** *Adm.* Profesor contratado por una universidad pública para completar su formación investigadora y colaborar en las tareas docentes, cuya contratación será con dedicación a tiempo completo por una duración no superior a cuatro años improrrogables.

**profesor ayudante doctor, profesora ayudante doctora** *Adm.* Persona que, ostentando el título de doctor y sin necesidad de acreditación, es contratada por una universidad de forma temporal para desarrollar las capacidades docentes y de investigación y, en su caso, de transferencia e intercambio del conocimiento y de desempeño de funciones de gobierno de la universidad.

**profesor emérito, profesora emérita** *Adm.* Docente o investigador universitario jubilado que, en atención a la prestación de servicios destacados a la universidad, mantiene algunas de sus funciones con la finalidad de contribuir desde su experiencia a mejorar la docencia e impulsar la investigación y la transferencia e intercambio del conocimiento e innovación.

**profesor, ra titular** *Adm.* Miembro del personal docente e investigador que pertenece al Cuerpo de Profesores Titulares de Universidad y que tiene plena capacidad docente e investigadora.

**prohibición de contratar** *Proc.*; *Par.* Medida cautelar que cabe adoptar respecto de bienes concretos cuando sea necesaria para asegurar la ejecución forzada de los bienes objeto del juicio. || **2.** *Adm.* Incapacidad para contratar durante un tiempo determinado con las Administraciones públicas por alguna de las causas previstas en las leyes

**promesa 1.** *Pen.* Ofrecimiento de pago de un precio o de una recompensa, generalmente de carácter económico, que se realiza a un sujeto por la comisión de un hecho delictivo, a sufragar una vez ejecutado el delito. || **2.** *Civ.* Compromiso de realizar una prestación.

**promiscuidad 1.** *Gral.* Mezcla o confusión desordenada de cosas diversas. || **2.** *Gral.* Conducta de la persona que mantiene relaciones sexuales poco estables con diversas personas. || **3.** *Gral.* Situación de caja única entre entidades, que hace que operen con alto grado de comunicación entre sus patrimonios, lo que puede manifestarse en la asunción de pagos o deudas entre ellas.

**promotor, ra de obra** *Adm.* Persona que, individual o colectivamente, decide, impulsa, programa y financia, con recursos propios o ajenos, las obras de edificación para sí o para su posterior enajenación, entrega o cesión a terceros bajo cualquier título.

**promover 1.** *Gral.* Tomar la iniciativa para la realización o el logro de algo. || **2.** *Int. púb.* Impulsar decisiones por los poderes públicos nacionales y las organizaciones internacionales con fines o propósitos determinados.

**promulgación de la ley** *Const.* Publicación formal de una ley.

**propiedad horizontal** *Civ.* Forma de copropiedad o condominio que se establece entre los propietarios de un inmueble dividido en pisos o locales susceptibles de aprovechamiento independiente por tener salida propia a un elemento común de aquel o a la vía pública.

**propietario, ria** *Gral.* Titular del derecho de propiedad sobre un bien.

**proposición de ley** *Const.* Iniciativa legislativa que, a diferencia del proyecto de ley, se presenta ante el órgano legislativo competente por órgano distinto del Gobierno.

**propuesta de resolución 1.** *Adm.* Último acto del expediente administrativo previo a la resolución. || **2.** *Mil.* Propuesta motivada, formulada por el instructor del procedimiento sancionador por faltas graves y muy graves una vez concluso el expediente, en la que fija con precisión los hechos, su valoración jurídica, si son constitutivos de falta, con indicación de cuál sea esta, la responsabilidad del expedientado y la sanción a imponer.

**proscribir** *Gral.* Prohibir algo.

**proselitismo 1.** *Can.* Forma de propagación de una religión. || **2.** *Can.* En el ámbito cristiano, evangelización o misión apostólica.

**Protección Civil** *Adm.* Servicio público en cuya organización, funcionamiento y ejecución participan las diferentes Administraciones públicas, así como los ciudadanos mediante el cumplimiento de los correspondientes deberes y la prestación de su colaboración voluntaria, a los efectos de estudiar y prevenir las situaciones de grave riesgo, catástrofe o calamidad pública y a la protección y socorro de personas y bienes en los casos en que dichas situaciones se produzcan.

**protección de datos** *Adm.* Conjunto de medidas para garantizar y proteger los datos de carácter personal registrados en soporte físico, que los haga susceptibles de tratamiento, y a toda modalidad de uso posterior de estos datos por los sectores público y privado a los efectos de garantizar y proteger las libertades públicas y los derechos fundamentales de las personas físicas, especialmente de su honor e intimidad personal y familiar.

**protección de víctimas y testigos** *Proc.*; *Ec.* Sistema de protección y asistencia al que pueden acogerse los partícipes en cualquier etapa del proceso cuando se encuentren en peligro.

**protección integral contra la violencia de género** *Adm.* Conjunto de medidas de protección integral cuya finalidad es prevenir, sancionar y erradicar la violencia que, como manifestación de la discriminación, la situación de desigualdad y las relaciones de poder de los hombres sobre las mujeres, se ejerce sobre estas por parte de quienes sean o hayan sido sus cónyuges o de quienes estén o hayan estado ligados a ellas por relaciones similares de afectividad, aun sin convivencia, a los efectos de prevenir, sancionar y erradicar esta violencia y prestar asistencia a sus víctimas.

**protesta 1.** *Int. púb.* Acto por el que un Estado manifiesta frente a otro u otros su intención de no aceptar las consecuencias jurídicas de un hecho o acto. || **2.** *Proc.* Oposición formulada verbalmente por un letrado en una vista oral contra determinadas decisiones judiciales que, recogida debidamente en el acta correspondiente, es requisito necesario para impugnar una resolución judicial posterior.

**protesto cambiario** *Merc.* Acto jurídico por el que se constata la falta de pago o aceptación de una letra de cambio a los efectos de que no se perjudiquen o mengüen los derechos y acciones entre las personas que han intervenido en el giro o en los endosos de él.

**protocolización de testamento** *Civ.* Mecanismo a través del cual se incorporan a un protocolo notarial determinados testamentos regulados en nuestro ordenamiento jurídico.

**providencia 1.** *Proc.* Resolución judicial referente a cuestiones procesales que requieren una decisión judicial por así establecerlo la ley, siempre que en tales casos no exigiera expresamente la forma de auto. || **2.** *Gral.*; *Arg.*, *Bol.*, *C. Rica* y *Guat.* Resolución judicial no fundamentada que decide sobre cuestiones de mero trámite.

**provocación al delito** *Pen.* Incitación directa por medio de la imprenta, la radiodifusión o cualquier otro medio de eficacia semejante que facilite la publicidad, o ante una concurrencia de personas, a la perpetración de un delito.

**proxenetismo** *Pen.* Delito que consiste en obtener beneficios de la prostitución a costa de otra persona.

**proyecto de ley** *Const.; Esp.* Anteproyecto de ley que, tras su aprobación por el Consejo de Ministros, es remitido al Congreso de los Diputados en el ejercicio de la iniciativa legislativa del Gobierno.

**prueba 1.** *Proc.* Actuación procesal de parte, a través de los medios regulados en la norma procesal, por la que intenta acreditar los hechos que invoca como fundamento de su pretensión, con el propósito de acreditar al tribunal su certeza probatoria. || **2.** *Proc.* Actividad encaminada a procurar la fijación de los hechos vertidos en los escritos de calificación y la convicción del juez sobre los mismos. || **3.** *Proc.* Cada uno de los medios probatorios regulados en la norma procesal.

**prueba anticipada 1.** *Proc.* Actividad procesal desplegada a instancia de parte, desarrollada con carácter previo a la presentación de la demanda o en cualquier fase del procedimiento ya iniciado, tendente a asegurar la práctica de un medio de prueba cuando exista un riesgo cierto de que esta no puede practicarse en el período ordinario previsto en la norma procesal. || **2.** *Proc.* En el ámbito del proceso penal, prueba practicada una vez abierta la fase de juicio oral, con anterioridad a las sesiones de vista.

**prueba de ADN** *Proc.* Determinación del perfil biológico de una persona a partir del análisis de una muestra biológica suya.

**prueba de filiación** *Proc.* Medio probatorio para acreditar la procedencia de los hijos respecto de los padres, que se realizará a través de la inscripción en el registro civil, por el documento o sentencia que la determina legalmente, por la presunción de paternidad matrimonial y, a falta de los medios anteriores, por la posesión de estado.

**prueba de paternidad** *Civ.* Prueba que tiene por objeto determinar el vínculo genético ascendente en primer grado entre un individuo y su progenitor masculino.

**prueba de reconocimiento judicial** *Proc.* Actividad probatoria que lleva a cabo el juez cuando, para el esclarecimiento y apreciación de los hechos, lo estime necesario o conveniente y que consiste en el examen por sí mismo de algún lugar, objeto o persona.

**prueba ilegal** *Proc.* Elemento o fuente probatoria que se obtiene vulnerando los requisitos exigidos legalmente.

**psicopatía** *Pen.* Trastorno de la personalidad que consiste en peculiaridades personales que afectan duramente a las áreas del conocimiento, del control de los impulsos o de la afectividad y que determinan personalidades perdurablemente distintas a las que en cada cultura se vienen considerando normales, sobre todo en las relaciones interpersonales y sociales.

**publicación de la ley 1.** *Const.* Comunicación a través de un periódico oficial del contenido fidedigno de una ley || **2.** *Hist.* Acto de hacer pública la ley, que durante el Antiguo Régimen se hacía de forma escrita u oralmente.

**publicación de la sentencia 1.** *Proc.* Acto por el que el órgano competente difunde el contenido de una sentencia en los medios legalmente previstos. || **2.** *Pen.*; *Par.* Pena adicional consistente en la obligación impuesta por el tribunal al condenado de publicar la sentencia firme, en forma idónea y a su cargo, a petición de la víctima o del Ministerio Público.

**publicidad desleal** *Adm.* y *Merc.* Publicidad que supone un acto de competencia desleal.

**publicidad engañosa** *Adm.* y *Merc.* Publicidad que supone un acto de competencia desleal de engaño.

**publicidad ilícita 1.** *Adm.* y *Merc.* Publicidad que atenta contra la dignidad de la persona o vulnera determinados valores y derechos fundamentales. || **2.** *Adm.* y *Merc.* Publicidad que presenta a las mujeres de forma vejatoria o discriminatoria, bien utilizando directamente su cuerpo o partes del mismo como mero objeto desvinculado del producto que se pretende promocionar, bien su imagen asociada a comportamientos estereotipados que vulneren los valores del ordenamiento jurídico o coadyuven a generar la violencia de género. || **3.** *Adm.* y *Merc.* Publicidad dirigida a menores que les incita a la compra de un bien o de un servicio, explotando su inexperiencia o credulidad, o en la que aparecen persuadiendo de la compra a padres o tutores. || **4.** *Adm.* y *Merc.* Publicidad subliminal. || **5.** *Adm.* y *Merc.* Comunicación que infringe lo dispuesto en la normativa que regula la publicidad de determinados productos, bienes, actividades o servicios. || **6.** *Adm.* y *Merc.* Publicidad engañosa, publicidad desleal o publicidad agresiva.

**publicidad subliminal** *Adm.* y *Merc.* Publicidad que, mediante técnicas de producción de estímulos de intensidades fronterizas con los umbrales de los sentidos o análogas, puede actuar sobre el público destinatario sin ser conscientemente percibida y que está prohibida expresamente por la normativa en materia de publicidad.

**punibilidad 1.** *Pen.* Categoría que significa posibilidad de punir y que se trata después de los cuatro elementos básicos del delito (acción, tipicidad, antijuridicidad y culpabilidad) como requisito adicional en algunos delitos para poder imponer una pena, mientras que en la mayoría de los delitos no tiene entidad propia porque la concurrencia de esos cuatro elementos básicos implica ya por sí misma punibilidad, o sea, posibilita castigar.

**PVP** *Merc.* Precio de venta al público.

# *q*

**quebrantamiento de condena** **1.** *Pen.* Delito contra la Administración de Justicia que comete quien incumple o elude una condena, medida de seguridad, prisión, medida cautelar, conducción o custodia. || **2.** *Mil.* Modalidad de delito contra la Administración de la Justicia Militar cometido por los condenados por la jurisdicción militar que deban cumplir pena en establecimiento penitenciario militar e infrinjan su condena, prisión, conducción o custodia.

**querella** *Pen.* Acto consistente en una declaración de voluntad dirigida al órgano jurisdiccional competente, por la que el sujeto de la misma, además de poner en conocimiento de aquel la presunta comisión de un delito, ejercita la acción penal.

***quid pro quo*** **1.** *Gral.* Cosa recibida como compensación por la cesión de otra. || **2.** *Gral.* Error que consiste en tomar a una persona o cosa por otra.

**quiebra de la subasta** *Proc.* Situación que se produce cuando ninguno de los rematantes consigna el precio en el plazo legal o cuando, por su culpa, deja de tener efecto la venta y que provoca la pérdida de los depósitos constituidos para licitar y la celebración de una nueva subasta.

**quita y espera** *Merc.* y *Proc.* Condonación de créditos y moratoria para su pago que se pacta en un proceso concursal.

***quorum*** **1.** *Gral.* Número de individuos necesario para que un cuerpo deliberante tome ciertos acuerdos. || **2.** *Gral.* Proporción de votos favorables para que haya acuerdo. || **3.** *Civ.* y *Merc.* Mínimo de asistentes necesario para que una reunión pueda adoptar válidamente acuerdos colectivos que comprometen a la totalidad de los miembros de una organización. || **4.** *Merc.* Porcentaje mínimo de capital exigido por la ley para la válida constitución de la junta. || **5.** *Merc.* Número mínimo de consejeros cuya presencia es necesaria para la válida constitución del consejo de administración.

# *r*

**rango registral** *Civ.* Prioridad, jerarquía o preferencia que la ley otorga a un derecho real constituido sobre una finca respecto de otros derechos también constituidos sobre la misma.

**ratificación 1.** *Civ.* Subsanación de la falta de autorización o representación o de la extralimitación de poder en que incurrió el representante al contratar. || **2.** *Int. púb.* Procedimiento solemne para manifestar el consentimiento en obligarse por un tratado que requiere la intervención del jefe del Estado, el cual estampa su firma en el instrumento de ratificación. || **3.** *Int. púb.* En algunos sistemas jurídicos, procedimiento de autorización de un tratado por parte de las cámaras parlamentarias. || **4.** *Adm.* Subsanación de decisiones adoptadas con incompetencia por razón de la jerarquía. || **5.** *Gral.* Confirmación, reiteración.

***ratio decidendi*** *Proc.* Fundamento de la decisión.

**razón social** *Merc.* Nombre bajo el que la sociedad colectiva se manifiesta en el tráfico jurídico y económico.

**reagrupación familiar 1.** *Int. priv.* Derecho de los migrantes a mantener la unidad de su familia, pudiendo para ello reunir consigo a determinados parientes en el país al que se han desplazado. || **2.** *Eur.* Autorización a los miembros de una familia de nacionales de terceros países que residen legalmente en el territorio de la Unión Europea para que se reúnan con ellos en el Estado miembro donde residen, con el objetivo de proteger la unidad familiar y facilitar la integración de los nacionales de terceros países. || **3.** *Const.* e *Int. púb.* Permiso de residencia que se concede para los familiares más cercanos a los refugiados y beneficiarios de protección subsidiaria que no han obtenido una extensión familiar de su protección.

**real decreto** *Const., Adm.; Esp.* Resolución dictada por el presidente del Gobierno o por el Consejo de Ministros por la que se aprueba una norma reglamentaria o se adoptan acuerdos de su competencia.

**real decreto ley** *Const.*; *Esp.* Norma con rango de ley que aprueba el Gobierno en casos de urgente necesidad.

**reaseguro** *Merc.* Tipo de seguro de daños por el que el reasegurador se obliga a reparar la deuda que nace en el patrimonio del reasegurado como consecuencia de la obligación asumida por este como asegurador en un contrato de seguro.

**rebeldía 1.** *Proc.* Situación jurídica, declarada judicialmente en el proceso, en que se coloca el demandado por su inicial, total y voluntaria inactividad al no comparecer en el mismo dentro del plazo concedido, sin que ello suponga, salvo que expresamente así se disponga, ni allanamiento ni aceptación de los hechos objeto de la demanda. || **2.** *Lab.* Estado procesal de quien, siendo parte en un juicio, no acude al llamamiento que formalmente le hace el juez o deja incumplidas las intimaciones de este y que, en la jurisdicción social, no es necesario reconocer explícitamente. || **3.** *Proc.* Declaración que deriva de la falta de personación o comparecencia del procesado o acusado cuando se cumpla el término fijado en requisitoria.

**rebelión** *Pen.* Levantamiento público y violento contra los poderes del Estado con el fin de derrocarlos o de forzarlos a actuar en un determinado sentido.

***rebus sic stantibus*** *Gral.* 'Estando así las cosas'.

**recalificar** *Gral.* Cambiar la calificación urbanística de un terreno, finca, etc., para darle otro valor o uso.

**receta médica** *Adm.* Documento médico legal normalizado por el que los facultativos médicos legalmente capacitados prescriben al paciente la medicación que necesita para su dispensación por las farmacias.

**recibo de finiquito** *Lab.* Documento que cumple una función extintiva, con la declaración de las partes de que la relación laboral queda extinguida y una función de saldo de deudas pendientes.

**reconocimiento de deuda** *Civ.* Declaración negocial que una persona emite reconociendo la existencia de una obligación a su cargo y de sus condiciones para cumplirla.

**reconocimiento judicial** *Proc.* Medio de prueba que consiste en el examen personal del juez de algún lugar, objeto o persona cuando, para el esclarecimiento y apreciación de los hechos, resulte necesario o conveniente, y al que podrán comparecer a instancia de la parte interesada personas técnicas o prácticas en la materia, peritos o testigos.

**reconstrucción de los hechos** *Pen.* Inspección ocular del lugar en que se cometió un delito, practicada con la presencia y manifestaciones de las partes sobre los hechos a fin de esclarecerlos.

**reconvención** *Proc.* Acción independiente ejercitada por el demandado en un proceso frente al demandante para que se sustancie en el mismo proceso y se decida en la misma sentencia que resolverá la demanda inicial.

**rectificación de errores** *Adm.* Potestad de la Administración pública de rectificar los errores materiales o de hecho y los aritméticos en que incurran sus decisiones.

**rector, ra** *Adm.* Máxima autoridad académica de la universidad pública, que ostenta la representación de esta.

**recuperación de oficio de bienes de dominio público** *Adm.* Procedimiento administrativo especial, previsto en potestad administrativa atribuida en la legislación patrimonial de las Administraciones públicas, para que estas, por sí mismas y sin recabar el auxilio judicial, puedan recuperar la posesión indebidamente perdida de sus bienes patrimoniales o demaniales por quien los ocupa sin título habilitante.

**recurrente** *Gral.* Persona que entabla o tiene entablado un recurso.

**recurso contencioso-administrativo 1.** *Adm.* y *Proc.* Instrumento de impugnación judicial contra las disposiciones de carácter general y contra los actos expresos y presuntos de la Administración pública sujetos al derecho administrativo que pongan fin a la vía administrativa, ya sean definitivos o de trámite, si estos últimos deciden directa o indirectamente el fondo del asunto, determinan la imposibilidad de continuar el procedimiento o producen indefensión o perjuicio irreparable a derechos o intereses legítimos. || **2.** *Can.* Impugnación de un acto administrativo ante el Tribunal de la Signatura Apostólica, único competente cuando se ha agotado la vía administrativa.

**recurso contencioso-electoral** *Adm.* y *Proc.* Recurso jurisdiccional preferente y urgente que se interpone ante la jurisdicción contencioso-administrativa y que tiene por objeto la impugnación de los acuerdos de las juntas electorales sobre la proclamación de electos, así como la elección y proclamación de los presidentes de las corporaciones locales.

**recurso contra vía de hecho** *Adm.* y *Proc.* Recurso contencioso-administrativo que se promueve contra la actuación administrativa constitutiva de vía de hecho, entendiéndose por tal tanto la actuación material de las Administraciones públicas que se produce sin haber adoptado previamente una decisión declarativa que le sirva de fundamento jurídico, como aquella otra actividad material de ejecución que excede evidentemente del ámbito al que da cobertura el acto administrativo previo.

**recurso de aclaración** *Proc.* Solicitud para que los tribunales, una vez firmadas las sentencias, aclaren algún concepto oscuro, suplan cualquier omisión o rectifiquen alguna equivocación importante, siempre que se respete el sentido y espíritu del fallo.

**recurso de alzada** *Adm.* Recurso contra un acto administrativo que resuelve el superior jerárquico del órgano que lo dictó o el órgano de tutela o adscripción cuando no existe relación de jerarquía.

**recurso de amparo** *Adm.* y *Const.* Cada uno de los recursos multiniveles, sumarios y de tramitación rápida y preferente para la tutela de los derechos fundamentales ante los órganos judiciales y los tribunales constitucionales y la protección supranacional ante el Tribunal Europeo de Derechos Humanos y la Corte Interamericana de Derechos Humanos.

**recurso de apelación 1.** *Proc.* Remedio procesal para impugnar la decisión de un tribunal que será revisada por otro de grado superior. || **2.** *Eur.* Vía de acción por la que se pueden impugnar ante el Tribunal General las resoluciones adoptadas por un tribunal especializado, basándose tanto en cuestiones de hecho como de derecho. || **3.** *Proc.*; *Arg.* y *P. Rico* Recurso ordinario previsto en el sistema de doble instancia a través del cual la parte recurrente pretende que sea revisada la resolución judicial dictada por los órganos que conocen en primera instancia. || **4.** *Adm.*; *P. Rico* Recurso en contra de un acto administrativo que haya puesto fin a la vía administrativa de impugnación.

**recurso de audiencia al rebelde 1.** *Proc.* Medio de impugnación de una sentencia por el demandado que haya permanecido constantemente en rebeldía. || **2.** *Lab.* Recurso que se formula por quien ha resultado condenado por sentencia de la jurisdicción social sin haber comparecido al juicio por causa a él no imputable.

**recurso de casación 1.** *Proc.* Medio impugnativo extraordinario y únicamente articulable por una serie de motivos tasados, que tiene por objeto anular una sentencia judicial que contiene una incorrecta interpretación o aplicación de la ley o que ha sido dictada en un procedimiento en el que no se han observado los presupuestos rituales con la finalidad de formar jurisprudencia. || **2.** *Eur.* Vía de acción por la que se puede impugnar ante el Tribunal de Justicia una resolución adoptada por el Tribunal General, basándose únicamente en cuestiones de derecho por incompetencia, o irregularidades del procedimiento que lesionen los derechos de la parte recurrente, o violación del derecho de la Unión. || **3.** *Eur.* Vía de acción por la que se puede impugnar ante el Tribunal General una resolución adoptada por un tribunal especializado, aplicándosele las mismas reglas establecidas para el recurso de casación ante el Tribunal de Justicia.

**recurso de inconstitucionalidad 1.** *Const.* Herramienta jurídica a través de la cual se pretende la declaración de inconstitucionalidad de una norma, alegando que atenta contra la ley fundamental de un Estado. || **2.** *Civ.* y *Proc.*; *Arg.* Recurso que se interpone contra las sentencias y resoluciones definitivas o equiparables dictadas por la Cámara de Apelación cuando se ha cuestionado la constitucionalidad de una ley o reglamento que estatuya sobre materia regida por la Constitución Nacional y la sentencia o la resolución que se le equipare fuesen contrarias a las pretensiones del recurrente y cuando en el proceso se haya puesto en cuestión la interpretación de alguna cláusula de la Constitución Nacional, y la decisión haya sido contraria a la validez del título, derecho, garantía o exención que sea materia del caso y que se funde en esa cláusula. || **3.** *Pen.* y *Proc.*; *Arg.* Recurso que puede ser interpuesto contra las sentencias definitivas y los autos que pongan fin a la acción o a la pena, hagan imposible que continúen las actuaciones o denieguen la extinción, conmutación o suspensión de la pena si se ha cuestionado la constitucionalidad de una ley, ordenanza, decreto o reglamento que estatuya sobre materia regida por la Constitución, y la sentencia o el auto fuesen contrarios a las pretensiones del recurrente.

**recurso de queja 1.** *Proc.* Medio de impugnación ordinario, devolutivo y accesorio de otros recursos, que procede contra la resolución en la que se deniegue la tramitación de un recurso de apelación, extraordinario por infracción procesal o de casación y que tiene por finalidad que el órgano jurisdiccional superior al que dictó la resolución denegatoria del trámite del recurso declare su admisión a trámite. || **2.** *Adm.* Recurso que se interpone ante el tribunal que ha de conocer de un recurso de apelación o de casación contra la decisión del órgano judicial inferior que inadmite dicho recurso con la finalidad de que se admita a trámite. || **3.** *Pen.* Medio de impugnación devolutivo que procede contra todos los autos no apelables del juez de instrucción o del juez de lo penal, contra las resoluciones en que se deniegue la admisión de un recurso de apelación y contra la denegación por la Audiencia de tener por preparado el recurso de casación. || **4.** *Proc.*; *Chile* y *Ec.* Recurso de carácter disciplinario que tiene por exclusiva finalidad corregir las faltas o abusos graves cometidos en la dictación de resoluciones de carácter jurisdiccional. || **5.** *Adm.*;

*Arg.* y *C. Rica* Recurso que cabe interponer ante el inmediato superior jerárquico contra los defectos de tramitación e incumplimiento de los plazos legales o reglamentarios en que incurriere el procedimiento y siempre que tales plazos no se refieran a los fijados para la resolución de recursos. || **6.** *Pen.*; *Arg.* Queja llevada a cabo por el recurrente y que se interpone cuando se deniega un recurso que procede ante otro tribunal con el fin de que se declare mal denegado el recurso.

**recurso de reforma** *Pen.* y *Proc.* Recurso no devolutivo y ordinario contra los autos dictados por el juez de instrucción en el procedimiento ordinario, salvo previsión legal en contra.

**recurso de reposición 1.** *Adm.* Medio potestativo de impugnación de los actos administrativos que ponen fin a la vía administrativa y que se plantea ante el mismo órgano que los dictó. || **2.** *Proc.* Medio de impugnación ordinario, no devolutivo y que carece de efecto suspensivo, que cabe interponer contra las diligencias de ordenación y decretos del letrado de la Administración de Justicia y contra las providencias y autos no definitivos del tribunal, siendo resuelto por el mismo letrado de la Administración de Justicia o el tribunal que lo dictó mediante resolución que reviste la forma de decreto o de auto. || **3.** *Lab.* Recurso que puede interponerse contra las diligencias de ordenación y decretos no definitivos ante el letrado de la Administración de Justicia que dictó la resolución recurrida, excepto en los casos en que la ley prevea recurso directo de revisión, y contra todas las providencias y autos ante el mismo juez o tribunal social que dictó la resolución recurrida. || **4.** *Proc.*; *Guat.* Recurso que cabe en materia contencioso-administrativa contra las resoluciones dictadas por los ministerios y contra las dictadas por las autoridades administrativas superiores, individuales o colegiadas, de las entidades descentralizadas o autónomas.

**recurso de revisión 1.** *Gral.; Esp.* Medio impugnativo extraordinario y devolutivo contra sentencias firmes del que conoce el Tribunal Supremo o, en su caso, las salas de lo civil y penal de los tribunales superiores de justicia por motivos excepcionales tasados en la ley. || **2.** *Adm.* Instrumento procesal que permite impugnar actos administrativos firmes únicamente por motivos tasados en la ley. || **3.** *Adm.* y *Proc.; Esp.* Medio impugnativo previsto por la Ley de la Jurisdicción Contencioso-Administrativa contra los decretos dictados por el letrado de la Administración de Justicia que ponga fin al procedimiento o impida su continuación. || **4.** *Const.* y *Proc.*; *Méx.* Recurso que, en lo concerniente al amparo directo, procede contra las sentencias que resuelvan acerca de la constitucionalidad de normas generales que establezcan la interpretación directa de un precepto de la Constitución || **5.** *Pen.*; *Chile* Recurso por el cual, a solicitud de parte, la Corte Suprema puede rever extraordinariamente las sentencias penales firmes en que se hubiera condenado a alguien por un crimen o simple delito para anularlas en casos excepcionales. || **6.** *Adm.*; *Ec.* y *P. Rico* Recurso propuesto en contra de un acto administrativo que haya puesto fin a la vía administrativa de impugnación. || **7.** *Proc.*; *Arg.* Recurso que procede contra las sentencias definitivas o equiparables dictadas por la Cámara de Apelaciones cuando hubiesen quedado firmes si la sentencia hubiera sido pronunciada a consecuencia de prevaricato, cohecho, violencia u otra maquinación fraudulenta cuya existencia se hubiese declarado en fallo posterior irrevocable.

**recurso de súplica 1.** *Proc.* Medio de impugnación idéntico al recurso de reforma, con la diferencia de que procede frente a los autos dictados por órganos colegiados, salvo que la ley no contemple recurso diferente. || **2.** *Pen.* Medio de impugnación o recurso no devolutivo que procede contra las resoluciones interlocutorias o incidentales dictadas por los tribunales de lo criminal, que se interpone ante el propio tribunal que haya dictado la resolución y en el que se pide ante ellos su modificación o revocación. || **3.** *Lab.* En el proceso social, recurso que se podía interponer contra las providencias que no eran de mera tramitación y los autos que dictasen las salas de lo social ante la misma sala que los dictó.

**recurso devolutivo** *Proc.* Recurso que, presentado ante el mismo órgano que dictó la resolución que se recurre o ante su superior, es resuelto siempre por este último.

**recurso extraordinario de revisión** *Adm.* Recurso administrativo interpuesto contra los actos firmes de la Administración cuando aparezcan nuevos documentos de valor esencial, cuando hayan sido declarados falsos documentos o testimonios decisivos en el procedimiento por sentencia judicial firme o cuando, en virtud de esta, se declare que el acto o resolución son consecuencia de una conducta punible.

**recusación 1.** *Adm.* Solicitud de que se aparte de la tramitación de un asunto a una autoridad o funcionario público, jurado, árbitro o perito por existir una causa legal para ello. || **2.** *Proc.* Procedimiento que se sigue para apartar a un juez o magistrado de una causa por razones de falta de independencia previstas en las leyes.

**redención de penas por el trabajo 1.** *Pen.* Beneficio penitenciario consistente en reducir la duración de la condena de prisión por la realización de un trabajo o actividad laboral en el centro penitenciario. || **2.** *Hist.* Beneficio penitenciario que suponía la extinción de parte de la pena privativa de libertad impuesta a un recluso gracias al trabajo realizado en el establecimiento penitenciario, a razón de un día de condena por cada dos de trabajo como regla general.

**red social** *Adm.* y *Tel.* Servicio de la sociedad de la información que ofrece a los usuarios una plataforma de comunicación a través de internet para que estos generen un perfil con sus datos personales, facilitando la creación de comunidades con base en criterios comunes y permitiendo la comunicación de sus usuarios, de modo que pueden interactuar mediante mensajes, compartir información, imágenes o vídeos, permitiendo que estas publicaciones sean accesibles de forma inmediata por todos los usuarios de su grupo.

**reducción de jornada** *Lab.* Minoración del tiempo de trabajo, que es procedente en determinados supuestos, como por nacimiento de hijo, adopción o acogimiento o para la realización de prácticas de seguridad e higiene.

**reducción de la sanción por pronto pago** *Adm.* Beneficio que obtiene el infractor por el pago voluntario de la multa o sanción pecuniaria en cualquier momento anterior a la resolución.

**reembargo** *Proc.* Embargo que recae sobre un bien o derecho ya embargado.

**referéndum** *Const.* Instrumento de democracia directa por el que se someten a ratificación del cuerpo electoral normas o decisiones adoptadas por los poderes públicos.

**reforma constitucional** *Adm.* y *Const.* Procedimiento para cambiar el contenido de uno o varios preceptos de la Constitución o su revisión total.

***reformatio in peius*** **1.** *Adm.* y *Fin.* Norma que prohíbe que, en la resolución de un recurso administrativo, pueda empeorar la situación jurídica inicial del recurrente. || **2.** *Proc.* Principio que impide al órgano jurisdiccional que conoce de un recurso empeorar o hacer más gravosa la situación jurídica del recurrente —especialmente si se trata de una condena o sanción— reconocida previamente en la sentencia.

**refrendo** *Const.; Esp.* Contrafirma a los actos del rey en su condición de jefe del Estado que efectúa el presidente del Gobierno o los ministros competentes, por medio de la cual se da validez y se asume la responsabilidad de los mismos.

**regalía** **1.** *Adm.* Atribución, potestad o derecho asignado directamente a la Corona. || **2.** *Civ.; Méx.* Participación de un autor en los ingresos del editor por la venta de su obra. || **3.** *Adm.; Col.*

Contraprestación económica que recibe el Estado por la explotación de un recurso natural no renovable cuya producción se extingue por el transcurso del tiempo. || **4.** *Can.* Cada una de las prerrogativas de los reyes en materias eclesiásticas. || **5.** *Adm.*; *Arg.* Dinero que obtiene el dueño de un derecho cuando alguien hace uso de este.

**regencia** *Const.*; *Esp.* Institución prevista en la Constitución para el caso de minoría de edad o inhabilitación del rey.

**régimen abierto** *Pen.* Régimen penitenciario que se aplica a los penados clasificados en tercer grado, que puedan continuar su tratamiento en régimen de semilibertad.

**régimen cerrado** *Pen.* Régimen penitenciario que se aplica a los penados clasificados en primer grado por su peligrosidad o inadaptación a los otros regímenes y a los preventivos en quienes concurran idénticas circunstancias.

**Régimen General de la Seguridad Social** *Lab.* Régimen que engloba a los trabajadores por cuenta ajena o asimilados.

**registro civil** *Gral.* Registro público, dependiente del Ministerio de Justicia, en el que se hacen constar oficialmente los hechos y actos que se refieren al estado civil de las personas y aquellos otros que determine la ley.

**Registro de Actos de Última Voluntad** *Adm.* y *Civ.* Registro en el que se inscriben los testamentos con el fin de centralizar la información sobre los que han sido otorgados y certificar su existencia.

**Registro de Asociaciones** *Adm.* Registro donde han de inscribirse las asociaciones a los efectos de publicidad, sin que se autorice un control a la Administración de su regularidad, que queda constitucionalmente reservado a los órganos judiciales.

**registro de la propiedad** *Adm.* y *Civ.* Registro público que tiene por objeto la inscripción o anotación de los actos y contratos relativos al dominio y demás derechos reales sobre bienes inmuebles.

**registro mercantil** *Adm.* y *Merc.* Institución administrativa en la que se inscriben los hechos y actos relativos a los empresarios individuales y a las sociedades mercantiles, con el fin de dar publicidad a los mismos de forma que puedan ser conocidos por las personas que contraten con ellos.

**Registros de Aguas** *Adm.* Estructura informática de datos que posibilita la organización de la información relativa a los aprovechamientos de aguas y permite la emisión de certificaciones sobre las inscripciones.

**reglamento 1.** *Adm.* Disposición general de categoría inferior a la ley, dictada por el Gobierno u otros órganos administrativos habilitados para ello. || **2.** *Gral.* Norma que rige la organización y funcionamiento de cualquier establecimiento o institución públicos o privados. || **3.** *Can.* Conjunto de las normas de funcionamiento de las reuniones de personas, tanto convocadas por la autoridad eclesiástica como libremente promovidas por los fieles, así como también en otras celebraciones.

**reglamento europeo** *Eur.* Acto jurídico emanado de las instituciones de la Unión Europea caracterizado por tener alcance general, ser obligatorio en todos sus elementos y directamente aplicable en todos los Estados miembros.

**rehusar** *Gral.* Rechazar un ofrecimiento o invitación.

**reincidencia** *Pen.* Circunstancia agravante que se aplica al autor de un delito si, en el momento de cometerlo, está condenado en sentencia firme, ejecutoriamente, por otro delito comprendido en el mismo título del Código Penal y de la misma naturaleza que el que se comete, siempre que el antecedente penal no esté cancelado o no sea cancelable.

**relegar 1.** *Gral.* Apartar o dejar de lado a alguien o algo. || **2.** *Hist.* y *Pen.* Entre los antiguos romanos, desterrar a un ciudadano sin privarle del derecho de ciudadanía.

**rematante** *Proc.* Postor a cuyo favor se realiza la aprobación del remate.

**remate 1.** *Proc.* Mejor postura efectuada en una subasta y que, por ello, es objeto de aprobación. || **2.** *Proc.* **subasta**.

**rendimiento del capital** *Fin.* Rendimiento consistente en las utilidades o contraprestaciones, cualquiera que sea su denominación o naturaleza, dinerarias o en especie que provengan directa o indirectamente de elementos patrimoniales, bienes o derechos, cuya titularidad corresponda al contribuyente y no se hallen afectos a actividades económicas.

**renta vitalicia** *Civ.* Contrato por el que una de las partes se obliga a pagar a la otra una renta o rédito durante toda su vida.

**renuncia de la acción 1.** *Gral.* Dejación voluntaria de la facultad derivada de un derecho subjetivo para hacer valer en juicio el contenido de aquel. || **2. renuncia del actor**.

**renuncia del actor** *Proc.* Terminación anormal de un proceso por el que la parte actora manifiesta su voluntad de abandonar su pretensión, renunciando al derecho material que la apoya, por lo que posteriormente no podrá ejercitar en otro proceso.

**reo, a habitual** *Pen.; Esp.* Delincuente que ha cometido tres o más delitos de los comprendidos en un mismo capítulo del Código Penal en un plazo no superior a cinco años y ha sido condenado por ello.

**reparación en especie** *Civ.* Régimen específico del concurso de acreedores que supone una modulación del régimen general, en cuya virtud se puede mantener la vigencia de contratos con obligaciones recíprocas, incluso pese a haber incumplimiento en interés del concurso.

**reparcelación** *Adm.* Agrupación de un conjunto de fincas comprendidas en una actuación urbanística para su nueva división ajustada al plan, con adjudicación de las parcelas resultantes a los propietarios de las iniciales aportadas en proporción a sus respectivos derechos y a la Administración competente en la parte que corresponda conforme a la ley y al plan.

**reparto de asuntos** *Proc.* Distribución de las causas entre los tribunales o juzgados del mismo grado y orden jurisdiccional conforme a las normas aprobadas por la sala de gobierno del tribunal superior de justicia a propuesta de la junta de jueces del partido judicial y que debe realizarse donde hubiere dos o más órganos del mismo orden jurisdiccional.

**repregunta** *Gral.* Segunda pregunta que hace al testigo o perito el litigante contrario a quien lo presenta, para contrastar o apurar su veracidad, o bien para completar la indagación.

**representante legal** *Civ.* y *Merc.* Persona a la que, por disposición legal, corresponde actuar en nombre de otra persona física o jurídica.

**reprobación 1.** *Parl.* Pronunciamiento de una cámara legislativa mediante la que se manifiesta desaprobación con la gestión política de un miembro del Gobierno, sin que su aprobación determine el cese *ipso iure* del reprobado al tratarse de un reproche moral a su gestión. ‖ **2.** *Can.* Acto mediante el cual la ley declara que una costumbre o un privilegio son irracionales, privándolos de fuerza normativa. ‖ **3.** *Can.* Acto de la autoridad eclesiástica por el que se declara que un escrito es nocivo para la rectitud de la fe o para las buenas costumbres.

**requerido, da** *Proc.* Persona u órgano judicial o administrativo destinatario de un requerimiento.

**requerimiento 1.** *Gral.* Intimación que se dirige a una persona para que haga o deje de hacer alguna cosa o para que manifieste su voluntad con relación a un asunto. ‖ **2.** *Proc.* Acto de comunicación procesal dirigido a una parte en el proceso o a un tercero para ordenarle realizar una conducta o una inactividad. ‖ **3.** *Pen.* Acto por el que un órgano judicial o la Policía Judicial exigen de una persona o de una parte en el proceso penal alguna acción o manifestación concreta para el éxito de la investigación del delito o para dar curso a la tramitación del procedimiento. || **4.** *Hist.* Manifiesto de la Corona que los conquistadores debían leer a los indios antes de que se abrieran las hostilidades.

**requisito de forma** *Gral.* Exigencia que no se refiere al fondo, sino a cuestiones de apariencia o de procedimiento, y que puede ser esencial para la validez de una solicitud, acto, negocio, disposición o resolución.

**requisitoria 1.** *Proc.* Forma que adopta el llamamiento del procesado o investigado cuando no tiene domicilio conocido o no es hallado por la Policía Judicial en el plazo concedido y que se inserta en el fichero correspondiente de la Policía, publicándose en los medios de comunicación social, en su caso. || **2.** *Pen.* Mandamiento expedido por autoridad judicial, en el que se ordena el llamamiento, la localización y la puesta a disposición judicial de una persona sometida a un proceso penal.

**resarcir** *Gral.* Indemnizar, reparar, compensar un daño, perjuicio o agravio.

**rescate 1.** *Pen.* Condición de contenido económico que se impone en el secuestro para liberar al encerrado o detenido. || **2.** *Adm.* En el ámbito de la contratación del sector público, declaración unilateral del órgano contratante, adoptada por razones de interés público, por la que da por terminada la concesión, no obstante la buena gestión de su titular, para su gestión directa por la Administración. || **3.** *Adm.* Resolución del contrato de concesión de servicios públicos por acuerdo del poder adjudicador para pasar a un modo de gestión directa del servicio por motivo de interés público. || **4.** *Adm.* Forma de extinción anormal de concesiones o autorizaciones para el uso privativo de bienes de dominio público. || **5.** *Merc.* Derecho que la ley concede al tomador en los seguros de vida entera o para el caso de muerte y que consiste en la posibilidad de que este, tras haber pagado las dos primeras anualidades, pueda obtener de manera anticipada la totalidad o parte de la indemnización que le corresponde cobrar.

**rescisión 1.** *Civ.* En sentido estricto, procedimiento iniciado a petición del interesado que lleva a dejar sin efecto un acto jurídico válido para evitar consecuencias injustas. || **2.** *Civ.* En sentido lato, anulación. || **3. acción de rescisión**.

**reserva de ley 1.** *Adm.* Atribución a normas con rango de ley de la regulación de determinadas materias tradicionalmente vinculadas a la propiedad o a la libertad y que, en la actualidad, se extiende a cualquier decisión que afecte esencialmente al interés general. || **2.** *Adm.* Garantía de carácter formal que forma parte del principio dc lcgalidad administrativa sancionadora y entraña la exigencia de que la conducta constitutiva de infracción administrativa, la sanción aplicable, la relación entre ambas y el sujeto responsable estén previstos en una ley en sentido estricto o norma con rango de ley. || **3.** *Adm.* y *Const.*; *Ec.* Facultad exclusiva que le confiere la Constitución al Poder Legislativo para que expida las leyes.

**reserva demanial 1.** *Adm.* Potestad de la Administración de reservarse el uso exclusivo de bienes demaniales de su titularidad. || **2.** *Adm.* Reserva de aguas necesaria para poder comenzar la construcción de una obra hidráulica que comporte la concesión de nuevos usos de agua, salvo en el caso de declaración de emergencia de situaciones hidrológicas extremas.

**reserva hereditaria** *Civ.* Limitación de origen legal a la libertad del testador, que determina el destino que han de seguir determinados bienes que integran el caudal relicto, asegurando que sean adquiridos por miembros de la familia de la que proceden.

***res nullius*** *Adm.* 'Cosas que no pertenecen a nadie'.

**responsabilidad civil** *Gral.* Responsabilidad no punible regulada por el derecho privado o por el derecho administrativo.

**responsable civil subsidiario** *Pen.* Persona que, sin ser el autor del hecho punible y en defecto de aquella, responde de las consecuencias de naturaleza civil derivadas del delito.

**retasación expropiatoria** *Adm.* Derecho del propietario expropiado a un nuevo justiprecio del inmueble en el que se tenga en cuenta el incremento de valor producido por una modificación del plan que altera los usos o la edificabilidad.

**retracto** *Civ.* Derecho de adquisición preferente que se tiene para dejar sin efecto una venta o enajenación hecha a favor de otro y para recuperar o adquirir para sí la cosa por el mismo precio pagado.

**retroactividad** *Gral.* Situación surgida cuando la regulación establecida en una norma o la doctrina sentada en una sentencia se aplica a situaciones surgidas o hechos acontecidos en el pasado.

**reubicación** *Eur.* Traslado de personas que tengan un estatuto, definido por la Convención de Ginebra o de protección subsidiaria en los términos de la Directiva 2004/83/CE, de un Estado miembro que les garantiza protección internacional a otro Estado miembro en el que se les conceda una protección similar, y de los solicitantes de protección internacional desde el Estado miembro responsable de examinar su solicitud a otro Estado miembro donde se examinará dicha solicitud.

**reversión 1.** *Gral.* Restitución de algo al estado que tenía. || **2.** *Adm.* En el contrato de concesión de servicios, acto por el que el concesionario, una vez finalizado el plazo del contrato, entrega a la Administración concedente las obras e instalaciones objeto del contrato.

**revisión de oficio** *Adm.* Potestad de la Administración que, en supuestos excepcionales previstos en la ley, excepciona los principios de seguridad jurídica y de irrevocabilidad de los actos administrativos y permite declarar sin efecto los actos nulos de pleno derecho, siguiendo para ello el procedimiento establecido.

**revisión de sentencia firme 1.** *Adm.* Proceso de carácter excepcional y extraordinario dirigido contra sentencias firmes y fundado en alguno o algunos de los motivos taxativamente señalados en la ley. || **2.** *Proc.* Instrumento o procedimiento autónomo, que no constituye propiamente un recurso y que permite la invalidación de las sentencias que han devenido en firmes cuando se justifique, dentro del plazo legal estipulado, alguno de los motivos tasados determinados en la norma procesal y a través de los cuales se ponen en conocimiento del tribunal hechos desconocidos durante su enjuiciamiento que revelarían que la sentencia recaída sería injusta. || **3.** *Pen.* Impugnación de una sentencia firme en determinadas circunstancias taxativamente señaladas por la ley.

**reviviscencia** *Gral.* Efecto por el que recobran la vigencia normas que habían sido derogadas.

**riesgo laboral** *Lab.* Posibilidad de que un trabajador sufra un determinado daño derivado del trabajo.

**robo** *Pen.* Delito contra el patrimonio que consiste en apoderarse de cosas muebles ajenas con ánimo de lucro utilizando fuerza en las cosas, violencia o intimidación en las personas.

**rogación** *Gral.* Aspecto del principio dispositivo en cuya virtud los tribunales deben atenerse a las cuestiones de hecho y de derecho que las partes les hayan sometido, las cuales acotan los problemas litigiosos, por lo que el fallo ha de adecuarse a las pretensiones y planteamientos de las partes.

**rollo** *Proc.* Denominación que reciben las actuaciones que comprenden el recurso de apelación o de casación.

**rueda de reconocimiento** *Pen.* Diligencia de instrucción para identificar al presunto autor de un delito y que consiste en la exposición de varios sujetos, de características externas semejantes, ante una persona que, por haberlo visto antes, podría manifestar si el presunto culpable se encuentra entre ellos.

**ruegos y preguntas** *Gral.* Parte del orden del día de una asamblea o reunión en que los asistentes plantean asuntos de su interés a la presidencia.

# S

**sala 1.** *Proc.* Lugar donde se constituye un tribunal de justicia para celebrar vistas, audiencias y, en general, para despachar los asuntos sometidos a su jurisdicción. || **2.** *Proc.* Conjunto de magistrados que, formando un órgano colegiado, ostentan jurisdicción para conocer de una determinada materia. || **3.** *Proc.*; *Chile* En los tribunales colegiados, órgano de trabajo conformado por parte de sus integrantes, que conoce materias que no es necesario que sean conocidas por el pleno y representa al tribunal colegiado en su conjunto. || **4.** *Parl.*; *Chile* Órgano de trabajo que corresponde a la reunión en pleno o en conjunto de los miembros de una cámara legislativa.

**salario mínimo interprofesional** *Lab.* Cuantía retributiva mínima que deben percibir los trabajadores, sin distinción de sexo o edad, y que se fija cada año por el Gobierno, teniendo en consideración factores como el IPC, la productividad media nacional o el incremento de la participación del trabajo en la renta nacional.

**sana crítica** *Proc.* Criterio para la valoración de la prueba conforme a un raciocinio lógico.

**sanción administrativa** *Adm.* Castigo impuesto al ciudadano por una Administración pública por razón de la comisión de una infracción administrativa que forma parte, junto con la pena impuesta por los tribunales penales, del *ius puniendi* del Estado.

**sanción de las leyes** *Const.* e *Hist.; Esp.* Prerrogativa del monarca que, históricamente, venía acompañada del derecho de veto, de suerte que las leyes aprobadas por el Parlamento podían recibir la conformidad del monarca o sanción o ser objeto de su disconformidad o veto.

**saneamiento 1.** *Amb.* Conjunto de actividades e instalaciones que tienen por finalidad la recogida de las aguas residuales y pluviales y su depuración o tratamiento hasta su vertido en los medios receptores con el objetivo de reducir o eliminar la carga contaminante y facilitar su reutilización. || **2.** *Civ.* Responsabilidad que asume el vendedor frente al comprador respecto de la posesión pacífica y útil del objeto vendido y de su idoneidad para el uso que le es propio. || **3.** *Proc.*; *Bol.*, *El Salv.* y *Pan.* Facultad que tiene el juez o tribunal en primera o segunda instancia para adoptar medidas en el proceso que eviten un fallo inhibitorio o la nulidad del proceso o que causen una indefensión. || **4.** *Proc.*; *Arg.* Deber o facultad que, antes de dar trámite a cualquier petición, tiene el juez de señalar los defectos u omisiones de que adolezca, ordenando que se subsanen dentro del plazo que fije, y de disponer de oficio toda diligencia que fuese necesaria para evitar o sanear nulidades.

**secretaría 1.** *Gral.* Organismo, departamento u órgano que tienen al frente a un secretario. || **2.** *Gral.* Órgano de que es titular el secretario. || **3.** *Int. púb.* Órgano administrativo de una organización internacional, integrado por funcionarios internacionales y otros agentes, que desempeña funciones administrativas, de representación, de ejecución y, en ocasiones, políticas, que presenta un carácter independiente al servicio de los intereses generales, no intergubernamentales, y a cuyo frente se encuentra una persona.

**secreto del sumario** *Proc.* Declaración expresa en virtud de la cual las diligencias de investigación permanecen secretas hasta la apertura del juicio, pudiendo ser total o parcial.

**secreto profesional** *Pen.* Secreto conocido con ocasión del ejercicio de una profesión.

**secuestro 1.** *Pen.* Privación de libertad ambulatoria a una persona o grupo de personas, exigiendo a cambio de su liberación el cumplimiento de alguna condición, como puede ser el pago de un rescate. || **2.** *Proc.* En el procedimiento penal por delitos cometidos por medio de la imprenta o cualquier medio mecánico de publicación, medida cautelar que consiste en poner bajo depósito judicial los ejemplares del impreso o de la estampa donde quiera que se hallen y del molde de esta. || **3.** *Adm.* Medida provisional adoptada por el órgano titular de un servicio para evitar el mal funcionamiento de una concesión administrativa. || **4. depósito judicial**. || **5.** *Civ.*; *Chile* Depósito de una cosa que se disputan dos o más individuos en manos de otro que debe restituirla al que obtenga una decisión a su favor.

**secuestro judicial 1.** *Proc.* Acción cautelar que pretende apartar el peligro que, para una futura ejecución, supone la existencia misma de un proceso declarativo, o el tiempo que el proceso tarda en sustanciarse. || **2.** *Civ.*; *Chile* Depósito de una cosa que se constituye por decreto de juez.

**sede** *Gral.* Domicilio, lugar, dirección.

**sede electrónica** *Adm.* y *Tel.* Dirección electrónica disponible para todos los ciudadanos a través de telecomunicaciones, cuya titularidad, gestión y administración corresponde a una Administración pública en el ejercicio de sus competencias.

**sedición 1.** *Pen.* Alzamiento público y tumultuario para impedir a la autoridad o a funcionario público, por la fuerza o fuera de las vías legales, la aplicación de leyes o la ejecución de actos. || **2.** *Pen.*; *Ec.* Conducta de servidores militares o policiales que emplean armas con el fin de impedir transitoriamente el libre funcionamiento del régimen constitucional.

**segunda instancia 1.** *Proc.* Segundo nivel de decisión de un litigio, que supone el sometimiento a revisión por un tribunal superior de la resolución judicial de primera instancia. || **2.** *Proc.* Segundo nivel de la organización judicial constituido fundamentalmente por tribunales colegiados.

**seguridad jurídica** *Const.* Principio general del derecho que impone que toda persona tenga conocimiento cierto y anticipado sobre las consecuencias jurídicas de sus actos y omisiones.

**Seguridad Social 1.** *Adm.* y *Lab.* En sentido estricto, institución jurídica constituida para atender las prestaciones por desempleo, incapacidad, jubilación y otras situaciones sociolaborales de necesidad de las personas. || **2.** *Adm.* y *Lab.* En sentido amplio, sistema o conjunto organizado de prestaciones destinadas a atender las situaciones de necesidad de las personas, que incluye la Seguridad Social en sentido estricto y la acción social.

**seguro** *Merc.* Contrato por el que el asegurador se obliga, mediante el cobro de una prima y para el caso de que se produzca el evento cuyo riesgo es objeto de cobertura, a indemnizar, dentro de los límites pactados, el daño producido al asegurado o a satisfacer un capital, una renta u otras prestaciones convenidas.

**semoviente** *Civ.* Clase de bienes u objetos que se mueven por sí mismos, como el ganado.

**Senado 1.** *Const.*; *Esp.* Cámara de representación territorial que, junto con el Congreso de los Diputados, conforma las Cortes Generales. || **2.** *Hist.* Asamblea de patricios que formaba el Consejo supremo de la antigua Roma.

**sentencia** *Proc.* Resolución que decide definitivamente un pleito o causa en cualquier instancia o recurso o que, según las leyes procesales, debe revestir esta forma.

**separación conyugal** *Civ.* Situación jurídica consistente en el mantenimiento del vínculo conyugal con cese de la convivencia entre los cónyuges.

**separación de poderes** *Const.* En las constituciones liberales, principio tradicional que aboga por la división e independencia de poderes, de tal forma que las funciones propias del Estado, como manifestaciones de la soberanía, sean desarrolladas por distintos órganos.

**servicio de interés general** *Adm.* Actividad más caracterizadora de las Administraciones públicas que agrupa todas las organizaciones, actividades y funciones que tienen por objeto prestaciones de bienes y servicios en beneficio de los ciudadanos.

**servicio público 1.** *Adm.* En sentido amplio o genérico, cualquier tipo de actividad administrativa. **2.** *Adm.* En sentido técnico, actividad de las Administraciones públicas de prestación de actividades en beneficio de los ciudadanos conforme a un régimen jurídico singular y propio de las Administraciones.

**servidumbre** *Civ.* Derecho real consistente en el gravamen impuesto sobre un predio en beneficio de otro perteneciente a distinto dueño.

**silencio administrativo** *Adm.* Estimación o desestimación tácita que la ley anuda al silencio de la Administración respecto de la petición de un ciudadano una vez transcurrido el plazo legalmente establecido.

**simulación 1.** *Civ.* Divergencia deliberada entre la voluntad real de la persona y la voluntad manifestada para producir, con fines de engaño, la apariencia de un negocio jurídico que no existe o que es distinto de aquel que verdaderamente se ha llevado a cabo. || **2.** *Gral.* Acción y efecto de simular.

**sindicato 1.** *Lab.* Asociación de trabajadores constituida para la defensa y promoción de intereses profesionales, económicos o sociales de sus miembros. || **2.** *Adm.* Organización de carácter corporativo constituida para la defensa de los intereses de sus miembros. || **3.** *Merc.* Pacto, que puede tener o no carácter asociativo, para la acción conjunta o la defensa de intereses de grupos de accionistas.

***sine die*** *Gral.* Indefinidamente, sin plazo determinado.

***sine qua non*** *Gral.* Imprescindible.

**soberanía 1.** *Const.* Poder supremo e ilimitado, tradicionalmente atribuido a la nación, al pueblo o al Estado, para establecer su constitución y adoptar las decisiones políticas fundamentales tanto en el ámbito interno como en el plano internacional. || **2.** *Int. púb.* Principio fundamental del estatuto internacional del Estado que consiste en la facultad de adoptar libremente sus decisiones y ejercer los poderes estatales.

**sobreseguro** *Merc.* Situación de un seguro en la que la suma asegurada supera el valor del interés asegurado.

**sobreseimiento** *Proc.* Terminación anormal de un proceso, que conlleva la conclusión eventual del mismo y el archivo de las actuaciones.

**sociedad civil** *Civ.* Contrato por el cual dos o más personas se obligan a aportar dinero, bienes o trabajo para la consecución de un fin común a todos ellos, de índole lucrativa, pero distinto al ejercicio de una actividad empresarial, sin adoptar regularmente ninguna forma mercantil típica.

**sociedad colectiva** *Merc.* Sociedad mercantil externa y personalista en la que los socios responden personal, solidaria e ilimitadamente por las deudas sociales.

**sociedad comanditaria** *Merc.* Sociedad mercantil externa caracterizada por la presencia de socios que responden personal, solidaria e ilimitadamente por las deudas sociales y otros cuya responsabilidad se limita a lo que aportan a la sociedad.

**sociedad unipersonal** *Merc.* Sociedad de capital que tiene un único socio.

***soft law*** **1.** *Int. priv.* Conjunto de normas o reglamentaciones no vigentes que pueden ser consideradas por los operadores jurídicos en materias de carácter preferentemente dispositivo y que incluye recomendaciones, dictámenes, códigos de conducta, principios, etc. || **2.** *Int. púb.* Actos jurídicos que, sin tener fuerza vinculante obligatoria, contienen las pautas inspiradoras de una futura regulación de una materia, abriendo paso a un posterior proceso dc formación normativa.

**solidaridad 1.** *Const.* Principio que impone a todos los poderes públicos un comportamiento leal, aceptando las reglas del sistema y procurando su conservación. || **2.** *Const.* Compromiso ético o, en su caso, legal de atender las situaciones de precariedad o necesidad, preferentemente mediante servicios de titularidad pública. || **3.** *Eur.* Propósito de la Unión Europea para organizar de modo coherente y solidario las relaciones entre los Estados miembros y sus pueblos. || **4.** *Eur.* Principio político basado en la existencia de valores, objetivos, intereses y vínculos de interdependencia comunes. || **5.** *Civ.* Vínculo obligacional por el que cualquiera de los diversos acreedores puede exigir la totalidad de la prestación o cualquiera de los obligados debe cumplirla.

***statu quo*** *Gral.* Estado de las cosas en un momento determinado.

**subasta 1.** *Gral.* Venta de un bien a quien ofrece el mejor precio entre los licitadores que concurren. || **2.** *Proc.* Modo de realización de los bienes en el proceso de ejecución con anuncio y convocatoria pública para su adjudicación al licitador que ofrezca la mejor postura, destinando el precio a la satisfacción del ejecutante.

**subfianza** *Civ.* Contrato por el que una persona responde ante el acreedor para el caso de que no lo haga el fiador principal de la obligación.

**subrogación 1.** *Civ.* Acto por el que una persona sustituye a otra en los derechos y obligaciones propios de determinada relación jurídica. || **2.** *Proc.*; *Ec.* Sustitución por otro juez de un juez recusado.

**subsanación** *Proc.* Reparación de defectos de que pueda adolecer un acto.

**subsidiariedad 1.** *Gral.* Criterio que pretende reducir la acción del Estado a lo que la sociedad civil no puede alcanzar por sí misma. || **2.** *Eur.* Principio regulador del modo de ejercicio de la competencia compartida de la Unión Europea para limitar la intervención de las autoridades comunitarias a los supuestos en que una acción normativa común sea necesaria debido a la dimensión o a los efectos de la acción pretendida, a escala de la Unión Europea, y al hecho de que los Estados por sí solos no puedan ser eficaces. || **3.** *Int. púb.* Principio que rige las relaciones entre la protección de los derechos humanos que deben garantizar los Estados a través de sus ordenamientos internos y la actuación de control del Tribunal Europeo de Derechos Humanos a la hora de valorar la aplicación del Convenio Europeo de Derechos Humanos por los Estados partes.

**subsidio 1.** *Lab.* Prestación pública asistencial de carácter económico y de duración determinada. || **2.** *Fin.* e *Hist.* Contribución de la Iglesia a las arcas de la monarquía desde el siglo XVI, siendo una de las gracias concedida por la Iglesia junto con el excusado y la bula de la cruzada.

**subvención** *Fin.* Contribución financiera por parte de un Gobierno o de cualquier organismo público o cualquier forma de sostenimiento de los ingresos o de los precios que implica una transferencia de recursos económicos del otorgante al receptor por una cantidad inferior a la prestación total.

**sucesión** *Gral.* Acto de suceder una persona a otra en sus derechos y obligaciones.

**sucesión *mortis causa*** *Civ.* Sucesión en la titularidad del dominio y demás derechos reales y personales y obligaciones del causante.

**suelo rural** *Adm.* Suelo destinado normalmente a uso agrícola, ganadero o forestal.

**suelo urbano** *Adm.* Suelo que cuenta con los elementos de urbanización previstos en la legislación urbanística.

**sufragio** *Const.* Voto de quien tiene capacidad de elegir.

**sufragio censitario 1.** *Const.* Modalidad de sufragio restringido en la cual se reservaba el derecho a votar a aquellos ciudadanos que poseían ciertas condiciones de renta o patrimonio. || **2.** *Const.* Voto ligado antaño a la idea de soberanía nacional y que desapareció tras proclamarse la soberanía popular y el sufragio universal.

***sui generis*** *Gral.* Singular o peculiar.

**sumario 1.** *Proc.* Conjunto de actuaciones judiciales dirigidas a la investigación de los delitos castigados con pena, entre otras, de prisión superior a los nueve años, así como sus posibles responsables. || **2.** *Proc.* Proceso que sirve para decidir sobre ciertos asuntos con limitación de los medios de alegación y prueba, por lo que el tribunal obtiene un conocimiento restringido sobre el mismo y dicta una resolución no dotada del efecto de cosa juzgada material. || **3.** *Parl.*; *Nic.* Resumen de los puntos tratados en una sesión plenaria de carácter informativo, puesto a disposición de diputados y diputadas en el sitio web de la Asamblea Nacional.

**sustitución de las penas privativas de libertad** *Pen.* Acuerdo de expulsión del territorio nacional de un ciudadano extranjero o ciudadano de la Unión Europea condenado a pena de prisión.

**sustitución hereditaria** *Civ.* Sustitución de una persona por otra en la titularidad de los derechos hereditarios por no poder o no querer adquirirlos aquella.

**sustracción de menores** *Pen.* Delito que realiza el progenitor que, sin causa justificada para ello, traslada a su hijo menor de su lugar de residencia, sin consentimiento del progenitor con quien conviva habitualmente o de las personas o instituciones a las cuales estuviese confiada su guarda o custodia.

# t

**tacha de testigo** *Proc.* Alegación de la parte contraria a la que propone el testigo, por la que se pone de manifiesto al tribunal circunstancias del testigo que permitan restar, o incluso anular, la verosimilitud o credibilidad de su testimonio.

**tarjeta de residencia** *Adm.* e *Int. priv.* Documento de identificación de personas extranjeras que demuestra su situación de residente legal.

**tasa 1.** *Fin.* Modalidad de tributo, estatal, autonómico o local que se inspira en el principio de beneficio por cuanto el contribuyente debe soportarlo como consecuencia de la utilización privativa o el aprovechamiento especial del dominio público, o bien por la prestación individualizada de un servicio en régimen de derecho público de demanda obligatoria y que no puede prestarse por el sector privado. || **2.** *Can.* Modo de financiación de la Iglesia católica por el que se pide una prestación económica por un servicio prestado por la administración eclesiástica.

**tenedor, ra** *Merc.* Persona que posee un pagaré, una letra de cambio u otro valor endosable.

**teniente de alcalde** *Adm.* Órgano unipersonal ejecutivo municipal cuyo titular es designado y cesado libremente por el alcalde de entre los miembros de la junta de gobierno local o, en su caso, los concejales y que ejerce las atribuciones que le delegue el alcalde, a quien sustituye en la totalidad de sus funciones y por el orden de su nombramiento en caso de vacante, ausencia, enfermedad o impedimento, desempeñando las funciones de alcalde en los supuestos de vacante en la alcaldía hasta la toma de posesión del nuevo alcalde.

**tentativa de delito 1.** *Pen.* Principio de la ejecución de un delito, directamente por hechos exteriores, practicando todos o parte de los actos que objetivamente deberían producir el resultado y que, sin embargo, no se produce por causas independientes de la voluntad del autor. || **2.** *Pen.; Bol., Chile, Guat.* y *Ven.* Situación que se produce cuando un culpable da principio a la ejecución del crimen o simple delito por hechos directos, pero faltan uno o más para su complemento. || **3.** *Pen.; Par.* Fase del delito comprensiva de los actos que, tomada en cuenta la representación del hecho, son inmediatamente anteriores a la consumación del tipo legal.

**tercera edad** *Gral.* En las sociedades avanzadas, período de la vida de las personas caracterizado por la jubilación o cesación en las actividades laborales.

**tercería 1. aparcería** || **2.** *Proc.*; *Ec.* y *R. Dom.* Incidente que puede promover una parte perjudicada en sus derechos por una sentencia en la que ni ella ni las personas que representa han sido citadas.

**tercero** *Adm.*, *Eur.* y *Tel.* Persona física o jurídica, autoridad pública, servicio u organismo distinto del interesado, del responsable del tratamiento de datos personales, del encargado del tratamiento y de las personas autorizadas para tratar los datos personales bajo la autoridad directa del responsable o del encargado.

**término 1.** *Proc.* Límite del plazo en que tiene que realizarse un acto procesal. || **2.** *Gral.* Límite temporal del que se hacen depender los efectos de un negocio jurídico, o fijación temporal del momento en que debe cumplirse una prestación u otra obligación.

***tertius genus*** *Gral.* 'Tercer género'. ● *Se usa esta locución para referirse a una tercera posibilidad distinta de las dos más comunes.*

**testamento** *Civ.* Acto por el cual una persona dispone para después de su muerte de todos sus bienes o de parte de ellos.

**testamento marítimo** *Civ.* Testamento que se otorga a bordo de un buque de guerra o mercante durante un viaje marítimo.

**testamento militar** *Civ.* En tiempo de guerra, testamento que, en presencia de dos testigos idóneos, pueden otorgar militares en campaña, voluntarios, rehenes, prisioneros y demás individuos empleados en el Ejército o que sigan a este.

**testamento ológrafo** *Civ.* Testamento que el testador escribe por sí mismo, firmándolo con expresión del año, mes, día y hora en que lo otorga.

**testigo 1.** *Proc.* Persona distinta de las partes que pueda tener conocimiento de los hechos y sea llamada a declarar sobre ellos en cualquier procedimiento judicial o administrativo. || **2.** *Can.* Persona bautizada y confirmada que, mediante los respectivos sacramentos, recibe el testimonio del Evangelio.

**testimonio 1.** *Adm.* y *Proc.* Declaración de conocimiento que emite una persona respecto de una realidad que ha presenciado y que resulta de interés para la resolución de una litis que afecta a un tercero. || **2.** *Proc.* Copia fehaciente de un documento o expediente emitida por el funcionario legalmente encargado de dar fe pública.

**tipicidad 1.** *Gral.* Concreción de las conductas infractoras y de sus correspondientes sanciones en una norma previa y cierta. || **2.** *Pen.* Segundo requisito del delito que implica la coincidencia o subsumibilidad de una conducta concreta en el tipo penal o descripción legal de la conducta delictiva abstracta. || **3.** *Pen.*; *Arg.*, *Bol.*, *Chile* y *El Salv.* Exigencia que impone al ordenamiento jurídico identificar con claridad el comportamiento que constituye la infracción susceptible de ser sancionada y la sanción aplicable a la acción u omisión objeto de reproche jurídico.

**tiranía** *Gral.* Forma de gobierno en la que el gobernante tiene un poder total o absoluto, no limitado por unas leyes, especialmente cuando lo obtiene por medios ilícitos y abusa de él.

**título 1.** *Civ.* Documento que refleja la titularidad de un derecho. || **2.** *Pen.* Testimonio o instrumento dado para ejercer un empleo, dignidad o profesión. || **3.** *Gral.* Habilitación. || **4.** *Pen.* Hechos o circunstancias que justifican una imputación.

**título habilitante** *Adm.* Documento jurídico, otorgado por el órgano competente de la Administración, que permite la ocupación o el uso de un bien de dominio público de un modo que excede, limita o excluye el uso que corresponde a todos.

**tolerancia** *Can.* En derecho canónico clásico, hábito moral que constituye una obligación de quien está investido de autoridad y que supone soportar el mal en orden a facilitar la vida social y la paz de la Iglesia.

**tomador, ra del seguro** *Civ.* y *Merc.* Persona que estipula el contrato de seguro y firma la póliza, asumiendo las obligaciones que esta le impone, fundamentalmente el pago de la prima.

**trabajador autónomo, trabajadora autónoma** *Lab.* Trabajador que realiza de forma habitual, personal y directa una actividad económica a título lucrativo sin sujeción por ella a contrato de trabajo y aunque utilice el servicio remunerado de otras personas.

**trabajo en beneficio de la comunidad** *Lab.* y *Pen.* Trabajo consistente en una cooperación no retribuida que ha de prestar el penado en determinadas actividades de utilidad pública, que podrán consistir en relación con delitos de similar naturaleza al cometido por el penado, en labores de reparación de los daños causados o de apoyo o asistencia a las víctimas, así como en la participación del penado en talleres o programas formativos o de reeducación, laborales, culturales, de educación vial, sexual y otros similares.

**trabajo penitenciario** *Pen.* Actividad productiva por cuenta ajena que desarrollan los internos de un centro penitenciario.

**tradición** *Civ.* Acto por el que se desplaza la posesión de la cosa objeto del negocio jurídico al adquirente.

**tráfico de drogas** *Pen.* Actividad que consiste en la transmisión de drogas y que, conforme a la jurisprudencia, no es preciso que tenga lugar a cambio de un precio.

**tráfico de influencias 1.** *Pen.* Delito que realiza el funcionario público o la autoridad que influye en otro funcionario público o autoridad, prevaliéndose del ejercicio de las facultades de su cargo o de cualquier otra situación derivada de su relación jerárquica con este o con otro funcionario o autoridad para conseguir una resolución que le pueda generar directa o indirectamente un beneficio económico para sí o para un tercero. || **2.** *Pen.*; *Arg.* Delito que comete una persona cuando solicita o recibe dinero o cualquier otra dádiva o acepta una promesa directa o indirecta para hacer valer indebidamente su influencia ante un funcionario público a fin de que este haga, retarde o deje de hacer algo relativo a sus funciones.

**traición 1.** *Pen.* Delito que comete quien favorece a una potencia enemiga en contra de los intereses de su país, en particular cuando conspira para declarar la guerra, facilita medios materiales o información al enemigo o toma las armas. || **2.** *Pen.* Delito que cometen los miembros del Gobierno que declaren la guerra o firmen la paz sin cumplir lo dispuesto en la Constitución.

**transacción 1.** *Gral.* Trato, convenio o negocio. || **2.** *Civ.* y *Merc.* Contrato por el cual las partes, dando, prometiendo o reteniendo cada una alguna cosa, evitan la provocación de un pleito o ponen término al que había comenzado. || **3.** *Parl.* En el ámbito parlamentario, acuerdo alcanzado sobre una cuestión de fondo o procedimental, basado en la mutua cesión entre las posturas inicialmente planteadas.

**transcribir 1.** *Gral.* Poner por escrito y de forma textual algo que se dice oralmente. || **2.** *Gral.* Copiar fielmente palabras o ideas de un texto.

**transgresión** *Gral.* Vulneración de una norma o costumbre.

**transparencia 1.** *Adm.* Obligación de las Administraciones públicas y otras entidades públicas y privadas, como los partidos políticos o las entidades subvencionadas, de dar a conocer periódicamente los datos más relevantes de su actividad, con los elementos económicos y presupuestarios correspondientes, así como facilitar a las personas el acceso a la información pública contenida en documentos y archivos que aquellas custodian. || **2.** *Eur.* Principio general que rige el funcionamiento del sistema institucional de la Unión Europea a fin de hacerlo más comprensible y susceptible de escrutinio directo por parte de los ciudadanos, para los que resulta, como principal manifestación jurídica del mismo, un derecho subjetivo de acceso a los documentos de las instituciones, órganos y organismos de la Unión.

**transposición 1.** *Int. priv.* Reconocimiento de una institución jurídica extranjera, desconocida en el foro, a través del establecimiento de una equivalencia funcional con una institución existente en el sistema jurídico del foro. || **2.** *Eur.* Adaptación de las normas legislativas, reglamentarias y administrativas internas, según los casos, por las autoridades del Estado miembro para alcanzar los resultados establecidos en una directiva. || **3.** *Eur.* Ejecución llevada a cabo por los órganos del Estado miembro conforme al principio de la autonomía institucional y procedimental.

**trastorno mental transitorio** *Pen.* Alteración o trastorno psíquico pasajero no permanente.

**tribunal 1.** *Gral.* Lugar destinado a la administración de la justicia. || **2.** *Proc.* Órgano jurisdiccional colegiado. || **3.** *Proc.* Órgano jurisdiccional colegiado formado por tres o más individuos que ejercen la justicia y dictan sentencia.

**Tribunal Constitucional 1.** *Const.*; *Esp.* Tribunal con jurisdicción en toda España, competente para conocer: a) del recurso de inconstitucionalidad contra leyes y disposiciones normativas con fuerza de ley; b) del recurso de amparo por violación de los derechos y libertades referidos en el artículo 53.2 de la Constitución, en los casos y formas que la ley establezca; c) de los conflictos de competencia entre el Estado y las comunidades autónomas o de los de estas entre sí; d) de las demás materias que le atribuyan la Constitución o las leyes orgánicas; e) de la impugnación hecha por el Gobierno de las disposiciones y resoluciones adoptadas por los órganos de las comunidades autónomas. || **2.** *Const.*; *Arg.* Órgano máximo dentro de uno de los tres poderes del Estado cuya misión consiste en asegurar la supremacía de la Constitución, ser su intérprete final, custodiar los derechos y garantías en ella enunciados y participar en el gobierno de la República.

**Tribunal de Cuentas**. *Const.* Órgano de relevancia constitucional del Estado al que compete, de una parte, con la categoría de supremo, la fiscalización externa, permanente y consuntiva de las cuentas y de toda la actividad económica-financiera del sector público y, de otra, el enjuiciamiento de la responsabilidad contable en que incurran quienes tengan a su cargo el manejo de bienes, caudales o efectos públicos.

**Tribunal de Justicia de la Unión Europea (TJUE)** *Eur.* Institución de la Unión Europea que tiene encomendada la responsabilidad principal de asegurar el respeto del derecho en la interpretación y aplicación de los tratados y garantizar la aplicación e interpretación uniforme del derecho de la Unión.

**tribunal del jurado** *Proc.* Tribunal integrado por nueve jurados y un magistrado de la Audiencia Provincial, quien lo preside, que emite veredicto respecto del hecho justiciable que el magistrado-presidente determine como tal en relación con tipos delictivos de su competencia.

**Tribunal Supremo** *Gral.*; *Esp.* Órgano jurisdiccional superior en todos los órdenes, salvo lo dispuesto en materia de garantías constitucionales, con jurisdicción en toda España y sede en la villa de Madrid.

**tributo** *Fin.* Ingreso público consistente en una prestación pecuniaria, coactiva, establecida por la ley y debida a una Administración pública por la realización de un hecho lícito que manifiesta capacidad económica y que se satisface por el sujeto pasivo en función de su deber constitucional de contribuir al sostenimiento del gasto público.

***trust*** *Merc.* Grupo de empresas unidas para monopolizar el mercado y controlar los precios en su propio beneficio.

**tutela** *Civ.* Institución que tiene por objeto la guarda y protección de la persona y bienes, en primer lugar, de los menores no emancipados en situación de desamparo y, en segundo, de los menores no emancipados no sujetos a patria potestad.

# u

**unión de hecho 1.** *Civ.* Unión estable de dos personas mayores de edad o de dos menores emancipados que, sin ningún impedimento para contraer matrimonio, pueden demostrar que han convivido como mínimo un período ininterrumpido variable o tienen hijos en común. || **2.** *Can.* Cada una de las diversas formas de convivencia *more uxorio* a las que, sin perjuicio del respeto de la Iglesia a todas las personas, sea cual sea su forma de vida, la posición del magisterio eclesiástico es contraria.

**Unión Europea 1.** *Eur.* Organización internacional de integración, basada en la doble legitimidad democrática e intergubernamental, y constituida por los Estados miembros de las comunidades europeas, a las que ha sustituido y sucedido desde la entrada en vigor del Tratado de reforma de Lisboa del 1 de diciembre de 2009. || **2.** *Eur.* Asociación voluntaria o federación de Estados soberanos a la que se atribuye el ejercicio de competencias normativas mediante dos tratados fundamentales. || **3.** *Eur.* Organismo creado en sustitución de la Comunidad Europea en 1992 mediante el Tratado de Maastricht. || **4.** *Eur.* e *Hist.* Denominación del proyecto histórico de unidad europea presentado en 1929 por el ministro francés de Asuntos Exteriores, Aristide Briand ante la Sociedad de las Naciones.

**unión sin personalidad jurídica** *Civ.* y *Proc.* Agrupación de personas con patrimonio propio a la que, sin haberse constituido como persona jurídica, la ley procesal civil atribuye capacidad para ser parte.

**universidad** *Adm.* Institución de enseñanza superior que comprende distintos centros, como facultades, escuelas o institutos, y que confiere los títulos académicos correspondientes.

***universitas iuris*** *Pen.* Patrimonio considerado en su totalidad.

**usucapión.** *Civ.* Prescripción de los derechos y acciones.

**usufructo** *Civ.* Derecho real que confiere al usufructuario el derecho a disfrutar los bienes ajenos con la obligación de conservar su forma y sustancia, a no ser que el título de su constitución o la ley autoricen otra cosa.

**usufructo vidual** *Civ.* Usufructo que corresponde al cónyuge viudo que, al morir su consorte, no se halla separado de este judicialmente o de hecho si concurre a la herencia con hijos o descendientes.

**usura** *Civ.* y *Pen.* Calidad del contrato de préstamo en que se estipula un interés notablemente superior al normal del dinero y manifiestamente desproporcionado con las circunstancias del caso o en condiciones tales que resulte leonino, habiendo motivos para estimar que ha sido aceptado por el prestatario a causa de su situación angustiosa, de su inexperiencia o de lo limitado de sus facultades mentales.

**usurpación 1.** *Pen.* Ocupación de una cosa inmueble o privación de un derecho real inmobiliario de pertenencia ajena con violencia o intimidación. || **2.** *Pen.* Ocupación de un inmueble, vivienda o edificio ajenos sin autorización o permanencia en ellos contra la voluntad de su titular. || **3.** *Pen.* Alteración de términos o lindes de pueblos o heredades o cualquier clase de señales o mojones destinados a fijar los límites de propiedades o demarcaciones de predios contiguos, tanto de dominio público como privado. || **4.** *Pen.* Distracción de aguas de uso público o privativo de su curso o de su embalse natural o artificial sin autorización. || **5.** *Mil.* Delito cometido por el militar que, indebida y maliciosamente, asume o retiene un mando o destino.

# *v*

***vacatio legis*** *Gral.* Período que transcurre desde que se publica una norma hasta que entra en vigor, momento este que habitualmente viene establecido en la propia norma.

**validez 1.** *Gral.* Cualidad de lo que, por no estar afectado de causa alguna de nulidad, es válido y puede producir los efectos jurídicos que le son propios.

**valoración de la prueba 1.** *Proc.* Actividad intelectual del juez tendente a adquirir la convicción sobre la existencia o inexistencia de los hechos invocados por las partes a través de la prueba desplegada en el proceso. || **2.** *Proc.*; *Arg.* Ejecución o práctica de las pruebas ofrecidas y admitidas.

**valores superiores 1.** *Const.; Esp.* Conjunto de los valores a los que, según la Constitución, se adecua el ordenamiento jurídico del Estado social y democrático de derecho y que consisten en la libertad, la igualdad, la justicia y el pluralismo político. || **2.** *Const.* Axiomas o principios estructurantes de todo el sistema jurídico constitucional.

**vecindad civil** *Civ.* Estatus que determina la sujeción al derecho civil común o al especial o foral.

**venia 1.** *Gral.* Licencia o permiso pedido para ejecutar algo. || **2.** *Proc.* Permiso que el abogado que haya de encargarse de la dirección profesional de un asunto encomendado a otro abogado en la misma instancia debe solicitar a este compañero, salvo que exista renuncia escrita e incondicionada a proseguir su intervención por parte del anterior letrado. || **3.** *Proc.* Permiso que debe solicitar un abogado al tribunal para informar.

**veredicto 1.** *Proc.* Pronunciamiento del jurado que se produce una vez concluido el juicio oral, después de producidos los informes y oídos los acusados sobre diversos extremos fijados legalmente, entre los que destacan los hechos y su valoración, así como la culpabilidad o no del acusado. || **2.** *Pen.* Decisión del jurado en la que declara como probado o no probado cada uno de los hechos que le ha planteado el magistrado presidente y, con base en ello, falla la culpabilidad o inculpabilidad del acusado respecto del delito que se le imputa.

**veto 1.** *Parl.; Esp.* Facultad de la Cámara Alta para manifestar, mediante mensaje motivado, su rechazo al texto remitido por la Cámara Baja. || **2.** *Parl.*; *Nic.* Facultad constitucional que tiene el presidente o la presidenta de la República de Nicaragua para manifestarse en contra de un proyecto de ley aprobado por la Asamblea Nacional.

**vicios ocultos** *Civ.* y *Merc.* Defectos ocultos de la cosa que existen al tiempo de la adquisición y que la hacen impropia para el uso a que se la destina o que disminuyen de tal modo este uso que, de haberlos conocido el comprador, no la habría adquirido o habría dado menos precio por ella.

**víctima 1.** *Proc.* Sujeto pasivo de un delito a quien corresponde el ejercicio de la acción particular y de la acción civil derivada del delito, a quien se efectúa el ofrecimiento de acciones y que se constituirá en parte si las ejercita mediante la correspondiente querella o personándose en el proceso ya en marcha, siempre que sea antes del escrito de calificación o de acusación. || **2.** *Pen.* Persona que sufre los efectos del delito, que no es solo el sujeto pasivo o titular del bien jurídico o víctima más directa, sino también otros perjudicados materiales o morales, directos o indirectos, como familiares, herederos, la empresa, sus integrantes y acreedores, etc.

**violación 1.** *Gral.* Acción y efecto de violar. || **2.** *Pen.* Agresión sexual que consiste en el acceso carnal por vía vaginal, anal o bucal o en la introducción de miembros corporales u objetos por alguna de las dos primeras vías. || **3.** *Pen.*; *Bol.*, *Chile* y *Guat.* Delito que comete quien accede carnalmente por vía vaginal, anal o bucal a una persona mayor de catorce años empleando fuerza o intimidación, o estando la víctima privada de sentido, o aprovechándose el autor de su incapacidad para oponerse o abusando de la enajenación o trastorno mental de la víctima. || **4.** *Pen.*; *Bol.*, *Chile* y *Guat.* Delito que comete quien accede carnalmente por vía vaginal, anal o bucal a una persona menor de catorce años. || **5.** *Pen.*; *El Salv.* Delito que comete quien, mediante violencia, tiene acceso carnal por vía vaginal o anal con otra persona.

**vista 1.** *Proc.* Actuación procesal de carácter público que se realiza ante un tribunal, con intervención de las partes, para preparar o celebrar un juicio, conocer de un incidente, escuchar los alegatos de las partes y proponer o celebrar pruebas. || **2.** *Proc.* Actuación en que se relaciona ante el tribunal, con citación de las partes, un juicio o incidente para dictar el fallo, oyendo a los defensores o interesados que a ella concurran.

**visto bueno** *Gral.* Aprobación que se consigna en un documento, ante una solicitud determinada y que señala que se han cumplido los requisitos pedidos, que no hay impedimentos para permitir lo solicitado y que se cuenta con el permiso necesario.

**votación y fallo** *Proc.* En los tribunales colegiados, acto de discutir y votar las resoluciones, que puede o no estar precedido de una vista.

**voto de calidad** *Adm.* y *Proc.* En los órganos colegiados integrados por un número par de miembros, voto cualificado que suele atribuirse a su presidente, quien puede ejercerlo para resolver los empates.

***vox populi*** *Gral.* ● *Expresión que se usa para indicar que algo es conocido y repetido por todo el mundo.*

# Z

**zona de afección** *Adm.* Zona que comprende los terrenos situados a ambos lados de la zona de servidumbre, cuya extensión varía según la clase de carretera de que se trate, y que tiene como función principal reservar suelo para futuras ampliaciones.

**zona de servidumbre 1.** *Adm.* Zona situada a ambos lados de la zona de dominio público de las carreteras cuya extensión difiere según la clase de carretera, siendo el lugar adecuado para albergar ocupaciones temporales con motivo de obras de construcción o conservación de las carreteras. || **2.** *Adm.* En materia de aguas, terreno incluido dentro de los márgenes que se destina a uso público.

**zona marítimo-terrestre** *Amb.* Espacio comprendido entre la línea de bajamar escorada o máxima viva equinoccial y el límite hasta donde alcancen las olas en los mayores temporales conocidos o, cuando lo supere, el de la línea de pleamar máxima viva equinoccial.